小微企业股权激励

薛中行 / 著

作者简介

XIAOWEIQIYE GUQUANJILI

薛中行

薛中行，名锋，字中行。

中者，君子中立而倚；行者，天道周流而无疆。

出于对中国古典文化的热爱，潜心研究《周易》二十余载，

具有现代商业经济与中国古典哲学的双重思维方式和文化底蕴。

“五步连贯股权激励法”创始人，

被誉为股权激励领域的拓荒者。

现任上海经邦企业管理咨询有限公司创始合伙人，

经邦股权投资基金管理公司董事长。

经邦济世

小微企业股权激励

前　言

——穿越小微企业股权激励的迷宫

在人们的印象里，股权激励是大中型企业和上市公司的事，而小微企业很少应用股权激励政策。这种观念是落后的，随着股权激励政策的广泛应用，许多小微企业也在探索应用股权激励政策，和大中型企业和上市公司不同，小微企业股权激励的目的和方式有自身的特点。因此，迫切需要根据小微企业的特点有针对性地开发和设计适合小微企业的股权激励制度。

从20世纪70年代美国萌芽股权激励机制到现在，股权激励已经在美国得到了长足的发展。据统计，1997年，在《财富》杂志排名前一千家的美国公司中，有90%实施了经理股票期权计划；在全球前五百强大工业企业中，有89%的公司已对其高级管理人员采取了股权激励机制。那么，什么是股权激励制度呢？股权激励制度是完善公司治理结构的重要环节，是现代企业制度的重要组成部分。“股权激励主要是指以本公司股票为标的，对其董事、高管人员以及关键岗位员工进行的长期性激励。在我国，现阶段公司采用的股权激励方式有股票期权、限制性股票、股票增值权、虚拟股票和业绩股票等等。"从 2006 年《中国上市公司股权激励管理办法》(试行)和《国有控股上市公司(境内)股权激励试行办法》的颁布开始,标志着我国的股权激励机制步入法制化轨道。

我国多数小微企业是家族企业,企业员工归属感不强,打工心态严重,员工不知道企业未来的发展方向,不清楚企业发展战略。企业归属感是指员工对企业有强烈的使命感和成就感,让企业员工越来越感满意地工作,并最终内化形成企业员工的归属感。归属感表现在两方面:一方面,员工对企业的认同感形成后,其他员工会自发地自我克制,并产生一种强烈的企业归属感;另一方面,企业归属感反映企业员工的主人翁意识,能充分和自觉地发挥企业员工的主动性,并最终为企业创造巨大的价值。

我国小微企业普遍存在着员工流失率高的问题,尤其是管理层和关键技术人才更替更是频繁,这给企业发展造成巨大的障碍。小微企业人才外流的主要原因有社会因素、组织因素和个人因素。社会因素主要是指更新功利化价值流对人才的影响力。组织因素是指企业由于自己的缺点而导致人才外流。个人因素主要是指与个人有关的因素,如个人收入、实现自我价值、工作条件以及人际关系的个性化需求。这三个因素里面,最重要的是组织因素,企业没有一套优秀、合理的激励制度来激励和约束人才。在这方面,股权激励大有可为。

所谓股权激励,是指在对经理层、核心技术及业务人员进行业绩考评的基础之上,以本公司股票、股票期权或股权等方式作为对经理层、核心技术及业务人员的奖励。股权激励是通过给予上述人员公司股票或股权,从而赋予其一定的经济权利,使他们能够以股东的身份参与企业决策、分享利润、承担风险。这样就使经营者的个人利益与公司的长远利益捆绑在一起,从而勤勉尽责地为公司的长期发展服务。

股权激励在西方经过了近半个世纪的发展和市场考验,获得了极大的成功,被誉为企业激励的"金手铐"。然而,股权激励方案如果设计不合理,也会给企业发展带来巨大的灾难。美国出现了安然、世通等会计造假事件,为自身利益,公司高管利用股权激励方案中的漏洞,虚报利润和收入,蓄意抬升股价,恶意行权。2008 年那场席卷全球的金融危机,又将高管薪酬制度,特别是股权激励方案的设计弊端对企业经营及内部风险控制的负面影响暴露无遗。这些事件使社会各界重新认识与反思股权激励方案设计的合理性和重要性。

随着股权激励在中国如火如荼地开展,多数股权激励方案促进了企业的成长,但也出现了许多问题:过低的行权价和行权业绩门槛使股权激励成为某些阶层的利益输送工具;过宽的激励范围使股权激励福利化倾向明显。小微企业设计股权激励方案,必须要根据企业发展历史、自身特点、行业特点和未来发展战略进行多方考虑,集思广益后制定出。对于众多小微企业来说,如何设计出合理的适合企业发展的股权激励方案意义重大。

小微企业选择最适合自己的股权激励模式,设计合理的股权激励方案,对公司的经营业绩和公司内部治理显得尤为重要。在我国小微企业中实施股权激励制度,可以在很大程度上缓解小微企业目前面临的成长极限问题,调整企业内部结构,释放组织潜能,从而突破管理瓶颈,完成企业的二次创业。实施股权激励还有助于解决小微企业用人难、留人难的问题,以股权吸引和挽留职业经理人才,变职业经理人为事业经理人,推动企业长期发展。而且,由于我国小微企业享有较高的自主经营权,股权安排也较为灵活自由,因此,实施股权激励制度具有操作上的可行性。

正如一个人的价值一样,一个企业的价值在很大程度上并不取决于它已经成就了什么,而在于它正在追求什么。经邦从当年千元起家,到现在培训、咨询、投资一条龙,完整的股权产业链打造了智本与资本结合的完美典范。我们经邦人秉承自强不息、厚德载物之精神,以帮助中国企业做强、做长、做大为己任,不断追求,不断超越!我们经邦人践行着新一代中国知识精英的抱负和理想!在这一过程中,我们的这种追求越来越强烈和清晰,我们的事业越来越获得社会的认同和肯定,我们的这种追求越来越普遍地体现在经邦人的理念和行动之中。古人曰,磨刀不误砍柴工。这句话的哲理特别适用于股权那点事。实践证明,股权无小事,一旦企业成长以后,再去完善不规范的股权无异于推倒重来,甚至还有可能无从补救。失之毫厘,差之千里!股权不仅关系到发展,更关系到一个企业的成败!世有非常之人,然有非常之功,在中国经济发展的关键期,经邦人格物致知,追求卓越,为中国企业的成长尽绵薄之力!

目录

股权激励

第一章◎小微企业与股权激励

小微企业

一、小微企业的作用

小微企业的概念虽然很新，但是在社会主义市场经济中的作用却越来越大。一方面，从计划经济向市场经济转轨，小微企业的逐步发展表明市场成分因素在不断增强；社会主义市场经济要有活力，不仅需要“顶天立地”的大中企业，更需要“铺天盖地”的小微企业。另一方面，从经济发展阶段分析，我国正在经历城镇化、农业产业化和农村非农化，大量小微企业的产生和发展是必然的过程。

小微企业在国民经济中的地位到底有多重要，现在还没有准确的数据。不过，我们扩展一下范围就会发现，中小企业在国民经济中的地位基本可以概括为“五六七八九”——“五”是指中小企业税收贡献占整个税收的 50%，“六”是指占 GDP 的 60%，“七”是指占进出口的 70%，“八”是指承担就业的 80%，“九”是指数量上占整个企业数量的 99%。来自全国工商联的数据表明，中国目前有 3 800 多万户小微企业（全部企业为 4 000 万户）。它们在活跃市场、增加税收，特别是创造就业、改善民生、保持社会稳定等方面发挥着巨大作用，中国 70%的城镇居民和 80%以上的农民工都在小微企业就业。所以，小微企业的问题既是一个经济问题，又是一个社会问题。

二、我国促进小微企业发展的相关政策

2011 年 10 月 12 日,国务院出台了 9 条支持小微企业发展的金融财税政策,被称为“国九条”。它的主要内容是:

(1) 商业银行重点加大对单户授信 500 万元以下小微型企业的信贷支持,对其贷款增速不低于全部贷款平均增速,增量高于上年同期。

(2) 清理纠正金融服务不合理收费。

(3) 拓宽小微型企业融资渠道,扩大集合票据、集合债券、短期融资券发行规模,发展私募股权投资和创业投资等融资工具。

(4) 细化差异化监管政策,对发行金融债所对应的单户 500 万元以下的小微型企业贷款,在计算存贷比时可不纳入考核范围。允许商业银行将单户授信 500 万元以下的小微型企业贷款视同零售贷款计算风险权重。适当提高对小微型企业贷款不良率的容忍度。

(5) 促进小金融机构改革与发展。

(6) 促进民间借贷健康发展。遏制民间借贷高利贷化倾向,禁止金融从业人员参与民间借贷。

(7) 提高小微企业增值税和营业税起征点,将小微企业减半征收企业所得税政策延长至 2015 年年底并扩大范围。

(8) 三年内免征小微企业印花税。将金融企业中小企业贷款损失准备金税前扣除政策延长至 2013 年年底。将符合条件的农村金融机构金融保险收入减按 3%征收营业税的政策延长至 2015 年年底。

(9) 扩大中小企业专项资金规模,更多运用间接方式扶持小型微型企业。进一步清理,取消和减免部分涉企收费。

以下为部分先进地区促进小微企业发展的经验做法。

重庆市

(1) 创建微型企业培训平台。让有经验的企业主互相介绍经验,让还没有起步的企业主能够理解怎么创业。重庆市总工会、团委、工商联、工商局、中小企业局等部门一起搭平台,开展这一类的培训,让微型企业创业者能够向有经验的先行者求教,在实践中取得实践经验。

(2) 创建龙头企业对接平台。鼓励引导大企业为中小企业做点事。它主要有三种情况:第一种,比如一个大商号或百货公司,有 2 万平方米的商铺,从中腾出 1 000 平方米的柜台,给微型企业以经营空间,让微型企业直接进入大商号或百货公司的柜台,每 5—10 平方米就可以推动一个微型企业;第二种,让大企业拿出一些业务外包给微型企业,让微型企业在实际运作的时候逐渐体会市场,从而逐渐上道并步入发展正轨;第三种,重庆市经信委、中小企业局、工商联、总工会主动找一些大企业平台提供给微型企业,让微型企业在大企业的上、中、下游产业链中找到定位,进而展开业务对接。

(3) 创建创业平台。利用危旧房、旧厂房、旧仓库的改造,建一些微型企业的孵化楼和创业基地。在这里创办一个微型企业,只要能解决 8 人以上就业,就可以享受三条政策。第一,只要创办者自带 10 万元以上的资本金注册申办微型企业,财政按不同行业给予 3 万—5 万元的资本金补助。但是,资本金补助必须遵守不炒股票、不炒房产、不抽逃的“三不”原则。第二,按资本金给予1∶1的融资担保贷款,政府背景的担保公司提供担保,每年给新办的 3 万个微型企业贷款 50 亿元。第三,按资本金等额返还税收地方留成部分。例如,一个微型企业成立之初有 15 万元资本金,第一轮产生的税收返给后,就有 30 万元的资本金,再加上银行等额贷款,资产总额就可能达到 60 万元。

湖州市

(1) 建立“入库培育”机制,推进小微企业梯队式发展。将符合产业政策导向、具有良好成长性、上年销售收入超过 350 万元不足 500 万元的小微企业，筛选入库进行培育。建立小微企业培育库，实行动态管理，并把入库企业成长历程细分为小微企业、规模以上企业、成长型小企业、重点骨干企业、成长之星企业 6 个阶段，对每个阶段的企业给予不同力度的支持，直至成为明星企业，以梯队式、“金字塔”型持续推进小微企业做大、做强、做久。

(2) 建立“产业导航”机制，推动小微企业转型升级。区政府专门出台了《关于加大推进工业转型升级政策扶持的意见》，鼓励和引导小企业产业优化，加快发展。对列入扶持培育计划的小企业，对引进大专院校、科研院所技术成果并形成生产能力的，其引进技术费用给予适当补助；两年内累计装备投入 100—500 万元的技术改造项目，按实际装备投入给予一定补助。对列入小微企业培育库的小企业，在经营者及员工培训、技改投入、科技开发、品牌建设、市场开拓等方面给予适当奖励。同时，积极鼓励和引导大中型企业延伸产业链，与小微企业“联姻”，将其辅助性生产环节和服务外包给小微企业；积极鼓励和引导小微企业向产业集聚发展，促使小微企业围绕某一特色产业形成上下游配套型的产业集群。

(3) 建立“专家门诊”机制，保障小微企业健康成长。实现工业系统干部联系小微企业制度，每名干部联系两家企业，摸实情、送政策、强服务；组织有关专家、学者及创业成功人士，开展针对小微企业的创业辅导活动。持续开展“点对面式”的同行业创业辅导培训和“一对一靶点式”的深入企业现场诊断指导，帮助小微企业破解难题，指导优化管理、拓展市场、技术创新，使一批小微企业迅速成长壮大。

▶ 杭州市

(1) 在发展思路上，引导小微企业突出主业，注重创新，鼓励小微企业朝“小而专、小而精、小而特、小而新”的方向发展，不断提高企业核心竞争力，成为行业内的“隐形冠军”。

(2) 在培育重点上，全区各乡镇、街道每年将一定数量的小微企业列为当地的重点培育对象，区政府从中选择成长性好、发展潜力大的 100 家成长型小微企业进行重点扶持。

(3) 在发展空间上，鼓励小微企业入驻标准厂房集聚发展，对使用标准厂房面积在 1 000 平方米以上的成长型小微企业，按每月每平方米 0.5 元的标准给予一年期一次性补助。

(4) 在融资服务上，设立近 500 万元针对金融机构的专项政府考核奖励基金，把对小微企业的金融支持纳入区政府对金融机构“金融贡献奖”的考核内容，加大小企业贷款风险补偿工作力度；鼓励担保机构优先为成长型小微企业提供融资服务。

(5) 在促进技术升级上，对投资额在 20 万元以上、符合产业政策等条件的设备改造更新项目，按设备投资额的 3%给予资助，鼓励企业更新生产设备，不断提高产品质量。

(6) 在信息服务上，专门开通了余杭工业闲置资源网，设立“四库一平台”，即闲置土地库、闲置厂房库、闲置设备库、积压产品库和招商引资交流平台，帮助小微企业盘活存量资产，缓解要素制约困难。同时，将《余杭工业》内部资料定期向小微企业免费赠送，进一步沟通发展信息，交流发展经验，帮助解读有关政策。

▶ 上海市

(1) 推行中小企业集合债券。所谓中小企业集合债券，就是把若干家中小企业集合到一起，由一个机构作为牵头人，一起申请发行债券，使用统一的债券名称，形成一个总发行额度，统一组织，统一信用评级，统一担保，集合发行。发行集合债券，不仅能解决单一中小企业难以在债券市场融资的困难，更能分摊资信评级、发债担保、承销等费用，降低融资成本。以集合债券融资，最高可融到相当于企业净资产 40%的资金，整个发行过程只需数月，在如今股市融资一时受阻、银行又惜贷的情况下，是一种非常可行的办法。

(2) 鼓励担保公司为小微企业提供贷款担保，除担保费外，不得另收取保证金、咨询费等其他费用。对企业贷款担保额达到全部贷款担保额 60%以上，且担保费率不超过平均担保费率水平的依法经营的融资性担保公司，由同级财政按每年季末新增在保小微企业贷款平均余额的2%给予奖励，单户最高不超过100万元。

(3) 鼓励引进技术性工人。对各类公共就业服务机构和民办职业中介机构，介绍技能型人才和职业院校、技工院校、高校毕业生到本区小微企业就业并签订1年以上劳动合同的，经审核确认后，由区财政按每人300元的标准(含全市统一的职业介绍补贴)给予职业介绍补贴。对本市各类职业学校和技工院校组织当年毕业生到本区小微企业就业并签订1年以上劳动合同、用人单位足额缴纳社会保险费的，经审核确认后，由区财政按照每人300元的标准给予一次性补贴。

贵州省

长期以来，信用体系不健全是小微企业融资过程中的一大"软肋"，因此，从2006年开始，清镇市就开始建立政府、企业、农民"三位一体"的信用体系。该体系由政府牵头，根据企业生产经营、纳税及用工等情况，建立企业信用考核评级档案，信用社全程参与监控，为企业建立经济档案和诚信档案，录入征信系统，全面搭建起综合评价体系，构建良好监督机制，增强政府、信用社对企业情况的掌握，规避资金发放风险。

三、小微企业的发展模式、困境与出路

(一) 小微企业的发展模式遇阻

经过近些年的发展，我国小微企业的规模和数量不断增强，为数不少的小微企业逐渐成长为大中型企业。但是，我国小微企业在迅速发展的同时，除了先天不足的原因，也存在诸多影响因素。这其中包括体制原因、内部治理不完善、管理者个人原因等问题，造成企业内部产权不明晰，管理制度欠缺。

主要问题分析如下：

1. 产权界定和分配不清

我国的小微企业成立之初一般是单一的私有业主制，或者是家族式的合伙制，多数是中小型民营企业。企业刚开始起步时，企业都没有重视产权问题，企业的所有权、经营权高度地集中统一于投资者。当企业发展到一定规模以后，由于产权的界定不清晰，导致企业的法人资产的稳定和所有权交易的矛盾，企业资产分割时有发生；企业的产权流动性较差引起种种纠纷，从而制约企业发展。

2. 所有权和经营权分离程度低

在企业发展到一定规模后，企业最初的所有权和经营权高度统一，使企业发展易受个人性格特征影响，风险较大。企业运营管理者没有获得有效分权，也丧失了市场最有利的时机。现代中小企业实行的公司治理模式主要是MWS型，MWS型是指投资者、经营者、员工共同参与企业经营管理，以促使企业相关利益人都能获得企业发展收益。在我国的中小企业中，实行的是所有权和经营权不分的单一产权机制，当产品和市场竞争提升时，这种机制就会处处阻碍企业发展。但是，MWS型的治理模式主要还是在中小国营企业应用，我国的中小民营企业因其治理机制和结构存在特殊性，实行的治理模式各式各样。

3. 企业内部组织结构简单化，内部人控制造成决策机制不科学

公司内部组织一股独大或家族控股现象大量存在，管理没有形成制度化，更多体现的是领导人的性格特征。我国的中小企业因其所有权和运营权高度统一，家族式企业管理模式比比皆是，企业发展实行“一言堂”，企业所有者就是经营管理者，企业的监事会形同摆设，内部规章制度不健全、不科学。中小企业“人治”色彩浓厚，企业领导人负担过重、缺乏有效的企业控制，企业面临可持续发展瓶颈。

我国中小企业股权过于集中，公司大股东兼任企业经营决策的岗位，董事会和管理层缺乏足够的权限。大部分企业的所有者就是实际经营控制人，监

事会变成自己监督自己，监事会的相应职能最后起不到作用。股东大会如果对企业不能作出适应市场的决策及时转变，就不利于企业进行有效管理。因为创立企业的股东的素质有限，公司治理形式形同虚设，不能发挥应有的作用，企业经营往往充满了风险。

4. 人才的不断流失使企业成本增加

我国小微民营企业因为公司治理不完善，管理制度还不很全面，实行的家族式管埋模式，往往缺乏高素质人才，人才流失现象比较严重。人才的流失必然会使企业付出相应的成本和补充费用，给企业带来有形和无形的损失。

5. 企业的融资渠道较少

我国的小微企业普遍存在着规模小、固定资本较少、发展时间不长，企业最初成立的启动资金主要靠企业主个人的自有资金，融资普遍存在困难。在企业发展到一定规模或是产业转型、规模扩大的时候，依靠多方面的融资渠道显得尤为重要。良好的公司治理离不开稳健的企业发展状况，可持续的企业治理离不开金融融资服务和完善的政府政策支撑。我国大量的中小企业融资非常困难，需要以自己的财产到资本市场上抵押获得贷款，如果小微企业的固定资产额较小或是贷款渠道有限，获得的贷款数量也就非常有限。

另一方面，银行在审批中小企业贷款时非常谨慎，为了避免国有资产的流失，银行大量的存款余额闲置。这就造成部分大型企业在资金运用上有很多浪费，不少具有很强前瞻性的科技项目和产业化项目因缺少资金而放慢了正常发展进程。

6. 传统的家族式管理难以摆脱其自身缺陷

我国的小微企业大多实施传统的家族式管理，企业创业者和他的亲密伙伴掌握大部分股权。他们往往保留了企业管理和运作的核心决策权与经营管理权，包括财务资源的分配、人事的安排等主要权利。传统的家族式企业在成立之初得到了家族成员的支撑，因其血缘或是姻缘关系，企业的所有权和经营管理权高度集中于企业领导者身上，管理成本较低，产权结构不合理，企业治理结构形式形同虚设。通常，家族式企业的技术含量都不高，其发展主要依靠家族企业自身的资金积累,融资担保系统不完善,资信系统不确定性很强,阻碍了企业的做大做强。同时,企业的战略决策和管理体现了家族成员的爱好和性格,这些都存在极大的经营风险,影响企业的做大做强。

7. 缺乏法律政策的扶持

我国小微企业的发展时间不长,相应的市场经济主体法律政策系统还不是很完善,特别是部分经营行为和公司治理还没有具体的完备的体制进行保护。中小企业的快速发展和经济地位的提高,对优化发展的政策环境和拓宽融资渠道都有着更高的要求。我国中小企业的发展需要健全的法律保障和国家相关政策的支撑,这样才会对我国中小企业的治理有更强的指导。

(二) 小微企业的困境与出路

小微企业是我国社会主义市场经济的主体,在促进经济增长、增加就业、促进科技创新与社会和谐稳定等方面具有重要的作用。近年来,中央政府与地方政府相继出台了众多扶持小微企业发展的政策。小微企业也成为中国经济中越来越引人瞩目的力量。然而,当前一些小微企业在经营中存在着难以应对的重重难关,除外围环境的问题外,企业自身的内部问题也比较突出。

1. 外部问题主要集中在融资难和税费负担偏重方面

(1) 融资关。据统计,对 GDP 贡献度不到 40%的国有企业获得了银行 70%以上的贷款,小微企业在全部银行信贷资产中的使用比率不到 30%。而且小微企业还面临着融资成本高的问题,大部分小微企业的融资成本高达 40%—50%的年利率。尽管多年来国家为了改善小微企业的生存环境,不遗余力地从政府、金融机构以及民间等多种渠道消除阻碍小微企业融资困难的因素,但小微企业融资困境并没有从根本上得以改善。

(2) 成本关。今年以来,原材料、劳动力、租金、资金等多项成本大幅上涨,加之中小企业在产业链中缺乏议价能力,无法通过定价转移成本,于是,利润空间遭到压缩。

(3) 用工关。目前,中小企业很难招到熟练掌握生产技术的蓝领工人,原因是要求的薪酬太高,企业难以承受,有时去一次招聘会连一个人都招不到。

(4) 税负关。当前,中小企业税负偏重是不争的事实。据统计,如果把中国各种隐性、显性的税加在一起,很多中小企业的平均税负在40%以上。税种包括增值税、城市维护建设税、教育附加费、印花税、房产税、车船使用税、城镇土地使用税、企业所得税等多项,仅增值税一项就占营业额的10%。税负关使企业难堪重负。

财政部会同国家发展改革委通知,决定从2012年1月1日至2014年12月31日,对小型微型企业免征管理类、登记类、证照类行政事业性收费,具体包括企业注册登记费、税务发票工本费、海关监管手续费、货物原产地证明书费、农机监理费等22项收费。通知的下发为小微企业发展带来机遇,具体建议如下:

首先,相关部门应积极按照国务院常务会议提出的支持小微企业发展的九项金融、财税政策办事,紧密与商业银行加强沟通与联谊,并提请商业银行对小微企业的资金需求提供信贷支持。要提高小型微型企业增值税和营业税起征点以及进行结构性减税。加大对符合国家产业和环保政策、能够吸纳就业的科技、服务和加工业等实体经济的支持力度,引导和帮助小型微型企业稳健经营,增强盈利能力和发展后劲。

其次,资本市场要为小微企业股权融资创造有利条件。逐步扩大小微企业集合票据、集合债券、短期融资券的发行规模,积极稳妥地发展私募股权投资和创业投资等融资工具。进一步推动交易所市场和场外市场建设,包括中小板和创业板以及三板市场建设。拥有符合国家重点产业调整和振兴规划要求的新技术、新工艺、新设备、新材料、新兴业态项目的中小企业应将陆续成为上市公司中的一员,以改善小微企业股权质押融资环境,进而远离高利贷融资环境。

最后,尽快建立健全中小企业信用担保制度。中小企业信用担保制度能够有效地分散金融机构对中小企业融资的风险,切实解决中小企业融资难问题。近年来,全国中小企业信用担保体系建设已取得积极进展。下一步,中小企业信用担保机构要通过合理确定并适当降低贷款担保收费标准、简化贷款担保手续、缩短贷款担保办理时间等办法提高信用担保质量。要加强与银行协商,争取在授信额度内采取"一次授信、分次使用、循环担保"的方式,提高审保和放贷效率。

2. 内部问题主要集中在以下几个方面

(1) 经营者素质参差不齐。经营管理能力高低不一,选择经营范围时跟风意识强,容易导致恶性竞争;处理个人利益与企业集体利益时态度不同,多人合作经营企业容易因争夺个人利益而产生冲突,导致企业难以为继。

(2) 以家族式经营模式为主。采用现代企业经营管理模式的少,内部管理制度不完善,风险意识差,市场适应能力弱。

(3) 法律意识、诚信意识不强。签订合同随意性较大,严格按合同约定全面履行合同义务的意识不强;贪图小利而忽视劳动法律法规,用工不规范,导致劳企纠纷不断。

针对上述问题,笔者提出如下对策和建议:经营者要提高自身素质。选择经营项目时多作市场调研,结合自身条件确定经营范围,避免盲目跟风和恶性竞争,增强法律意识和风险意识。树立诚信经营理念,树立集体意识和团队意识,并引入现代企业的经营管理模式,促进企业健康发展。政府部门加强引导、服务,变被动监管为主动服务,及时为小微企业选择经营项目、引进技术、管理人才等提供信息服务,积极帮助企业化解经营过程中发生的各种矛盾,引导企业走上良性竞争和有序发展之路。金融企业要加强对小微企业的扶持力度,强化审判职能,依法维护小微企业的合法权益;加强法律宣传,建立一支业务素质强、政策理论高、工作积极的法律帮助队伍。开展多种形式的宣传活动,最大限度地发挥审判资源的效率,对涉及小微企业的案件强化调解,加大执行力度,帮助小微企业尽快收回债权,减轻企业的资金压力,为小微企业的健康发展创造良好的法制环境和社会环境。

3. 企业自身的主观能动

除了政府部门给予小微企业帮助和扶持外,企业自身也要充分发挥主观能动性,不等不靠,扬长避短,尽可能地在恶劣的环境中求生存、谋发展。除了提高产品和服务的创新性外,还应注重员工的培训,企业间的竞争,归根到底是人才的竞争,培训作为培养人才的一种重要手段,已成为企业在激烈的市场竞争中能否胜出的一项关键性工作。

股权激励

股权激励制度起源于美国。20世纪50年代中期,美国旧金山的一名叫路易斯·凯尔索(Louis Kelso)的律师设计出世界上第一份员工持股计划ESOP。1952年,美国辉瑞制药公司(Pfizer)推出第一个经理股票期权。

股权激励就是公司为了激励员工更努力地工作,授予公司员工(包括管理层)部分公司股票的行为。股权激励是现代公司制度下企业为激发员工的主人翁精神,用一定方式向企业员工或者职业经理人授予一部分股权进行长期激励,使企业的价值追求和员工之间的利益分配达到一种均衡,使员工的积极性和创造力达到最大化的一种新的激励方式。

相对于以“工资+奖金”为基本特征的传统薪酬激励体系而言,股权激励使企业与员工之间建立起一种更加牢固、更加紧密的战略发展关系,为解决我国企业目前广泛存在的委托代理链的责任衰减与成本攀升、内部人控制、经营者伦理风险等问题提供了一种现实选择和有效途径。

一、股权激励的理论基础

(一)委托代理理论

委托代理理论是股权激励的核心基础理论。该理论最早由Michael Jensen(杰森)和William Meckling(麦克林)提出,他们在1976年发表的论文

“企业理论：管理行为、代理成本与所有权结构”中阐述了该理论。该理论认为，由于社会分工和公司制度的发展，造成了所有权与经营权的分离，即公司的所有者不再直接管理企业，而是交给代理人进行管理。由于代理人的专业管理技能，企业得到了发展和繁荣，但同时也会出现一系列因委托代理而产生的问题，即所谓的“内部人控制问题”。

所谓内部人控制，是指作为代理人的企业高管在受托经营管理企业过程中逐渐摆脱委托人的控制，拥有对企业实际经营运作的掌控权力。此时，代理人的目标利益是追求在经理人市场上的价值最大化和个人物质收入的最大化，而委托人的目标利益是公司价值最大化。由于这种目标利益函数的不一致，拥有控制能力的代理人可能在操纵企业经营管理活动时损害股东的利益，产生所谓的“内部人控制问题”。

“内部人控制问题”的后果就是导致代理成本的不合理增高，而这种损害股东利益的行为又因为内部人信息控制的不对称，很难被委托人觉察到。另外，公司价值最大化的目标也无法通过契约量化在代理人的日常企业经营活动中。代理人的道德风险由此产生，而且具有隐蔽性。

股权激励机制正是在这一背景下产生的。它通过赋予代理人一些股权，让代理人与委托人在行为目标利益上趋于一致，有效克服代理人的道德风险，约束其最大限度地发挥其主观能动性，努力经营企业，促进企业的长远发展，最终达到降低代理成本和使公司价值最大化的利益目标。该假说承认了激励水平与公司绩效呈现完全正向的关系。

（二）人力资本理论

人力资本的概念是相对于物质资本确立的，是由美国芝加哥大学舒尔茨教授提出的，其于 1960 年发表的《人力资本投资》一书，标志着人力资本理论体系的成立。

物质资本就是我们常说的狭义上的资本，包括固定资产、原材料、存货以及货币和其他有价证券等。物质资本的所有者就是我们常说的股东。所谓的人力资本,是随着经济进步,社会高度分工,竞争日趋激烈,有同样规模的传统资产的企业却因企业经营者的经营能力的不同,产生了截然不同的经营成果。成功的经营者似乎发挥着与物质资本一样的不可或缺的作用,于是,以经营者为代表的人力资本的概念开始形成。人力资本是指附着在人身上的关于知识、劳动管理技能以及体力等的总称。同是社会经济发展的必然产物,人力资本与物质资本既有相同点,也有不同点。人力资本与物质资本的相同点表现在两者都能给公司带来收益,同属于资本,企业缺一不可。

人力资本与物质资本的不同点表现在两方面。

(1) 人力资本的作用发挥机理与物质资本不一样:物质资本只要存在,并达到需要的规模,就可以发挥作用。人力资本仅仅存在还不够,它需要一定的激发条件,主要包括产权激励、人力资本地位激励和企业文化激励这三种激励。所以,对人力资本必须进行激励,而传统的现金薪酬体制只是对普通的人力资源的报酬,不能代替对人力资本的激励。

(2) 人力资本和物质资本的收益率不一样,随着社会经济的进一步发展,人力资本产生的收益率开始逐渐大于物质资本的收益率,人力资本成为一种稀缺资源,地位凸显重要。

正因为人力资本的上述不同,使股权激励成为满足其特殊性的一种最佳选择。股权激励使经营者获得了一部分股权,这部分股权给其带来的收益即为公司对其人力资本价值的肯定和回报,人力资本的激发条件得到满足;同样,股权激励又约束了人力资本的不合理流动,为公司挽留和吸引更多的人才,从而整体提高公司的竞争能力和最终收益。

(三) 激励理论

激励理论是股权激励制度最直接的指导性理论,委托代理理论和人力资本理论都是以施行激励制度为基础的。著名的激励理论主要有马斯洛的需求层次论以及赫茨伯格的双因素理论。

马斯洛的需求层次论将人类的需求划分为五大类,它们分别是生理需求、安全需求、社交需求、尊重需求和自我价值实现需求，这些需求从低到高，排成金字塔的形状。其中，生理需求和安全需求为最低层次的需求，社交需求为中间层次的需求，尊重需求和自我实现需求为高层次的需求。人们一般首先满足低层次需求，然后逐步过渡到中、高层次需求。需求满足的程度越高，人的积极性就会越高。对企业的经营者来说，他们的中低层次需要已经得到满足，他们追求高层次的需求，如社会地位和名望，以企业的经营业绩来衡量自己的社会经济贡献，以经营企业后自有收益的大小来衡量自我价值实现的程度。股权激励可以迎合他们的这种需求，从而充分调动他们经营企业和使企业利益最大化的积极性。

赫茨伯格的双因素理论又名"激励—保健"因素理论。这两种因素对企业人员分别产生两种不同的影响。所谓保健因素，包括工作环境、员工关系、公司政策、薪酬大小、职务等。保健因素的改善可以预防或消除员工的不满，是员工能基本工作的保证，但保健因素起不到激励的深层次作用。激励因素包括工作岗位上的责任感与成就感、个人能力的发展、升迁机会、潜在的风险收益机会。这些因素能使员工获得满足感，因而能持久地调动员工的积极性，产生强大的内在动力。企业经营者的现金薪酬和股权激励的风险收入分别是这两种因素的体现，可见，由于这两种因素不同的作用，对企业经营者仅仅通过增加现金薪酬的方法是起不到激励作用的。

二、股权激励的方式

目前，股权激励的类型有以下几种：

(1) 虚拟股票。是指企业为实现一定目标，或者激发员工的积极性，体现多劳多得，授予激励对象一种虚拟股票。这种股票在有些公司只是在内部作一个登记，不具备表决权和所有权，也没有实际的价值，它仅仅是表示激励对象拥有分红权和股价升值收益。理论上，虚拟股票不能转让和出售，在离开企业时自动失效。

(2) 延期支付。是指公司为激励对象设计一揽子薪酬收入计划,其中有一部分属于股权激励收入。股权激励收入不在当年发放,而是按公司股票公平市价折算成股票数量,在一定期限后,以公司股票形式或根据届时股票市值以现金方式支付给激励对象。

(3) 业绩股票。是指企业在年初给激励对象设定一个业绩目标,如果在当年年末考核时激励对象达到预定的目标,公司就按照约定授予其一定数量的股票或提供一定资金购买公司的股票。

(4) 管理层/员工收购。这是一种在经营权和所有权分离的情况下,作为职业经理人的公司管理层或全体员工利用杠杆融资去购买本公司的一部分股份,从而成为公司的实际股东之一,并且和其他原先的股东(即企业所有者)共同承担企业经营风险,共同分享公司收益,从而使一部分愿意和企业共同发展的管理层和员工进入到企业所有者行列,实现企业的长期持续发展。

(5) 限制性股票。某些上市公司在事先授予一些特定对象一部分公司股票,但是对股票又作了特别的限制:只有当激励对象在完成事先设定的目标之后,激励对象才可以将这部分股票进行转让或者抛售或者变现,从而得到收益。

(6) 股票期权。是指企业或者公司对激励对象设定一定的经营目标,使其在规定的期限内完成这一目标,从而有资格以某一约定的价格去购买公司的股票。当然,如果出现像 2008 年的股市暴跌现象,激励对象就会放弃这种权利。

(7) 经营者/员工持股。是指企业所有者在事先就让激励对象持有一定数量的公司股票,这部分股票可以是公司无偿赠与的,也可以是公司以较低的价格转让给激励对象的。

(8) 股票增值权。是指一些上市公司为了增强公司业绩,拉升公司股价,对特定激励对象实施一种激励。如果公司业绩增强并且股价上升,激励对象可通过约定的行权价格获得相应数量的股价升值收益,激励对象不用为行权付出现金,行权后获得现金或等值的公司股票。

第九,账面价值增值权。主要可以分为购买型和虚拟型两种。这两种方式都是企业为实现一定的经营目标,向特别对象授予账面价值增值权。购买型是指激励对象在期初需要按照股票的每股净资产值进行实际购买。虚拟型是不需要激励对象在期初出资,在期末时购买再由公司按当时的每股净资产价格回购,虚拟型只需要计算一下期末公司每股净资产的增量并向激励对象支付现金就可以了。

按照基本权利义务关系的不同,可以将以上九种股权激励方式简单归纳为三种,即现股激励、期股激励、期权激励。

现股激励是企业为了达到企业经营或者用人的目的,直接奖励或按照一定的折价比例向激励对象出售股票的方式,使激励对象能够即时地直接获得股权,同时规定激励对象在一定时期内必须持有股票,不能出售。期股激励是公司为实现某特定的经营目标,和激励对象约定在将来某一时期以某一价格购买一定数量的股权,购股价格一般参照股权的当前价格确定,同时对激励对象在购股后再出售股票的期限作出规定。期权激励是公司为实现某种特定的经营目标,给予激励对象在将来某一时期以某一价格购买一定数量的股份的权利。比较三种不同类型都能使激励对象获得股权的增值败益权,其中包括分红收益和股权本身的增值。但是在持有风险、股票表决权、资金即期投入和享受贴息方面都有所不同。

为了让读者能更深刻地了解股权激励各种方式的不同,以下详细分析几个案例供读者阅读。

(一)股票期权

案例背景: 某公司是一家在国外注册的从事太阳能产品研究、设计、生产、销售及服务的高科技企业。公司在境外注册时已经为将来作好了打算,预留了一定数量的股票计划用于股票期权激励。公司预计 2006 年在境外上市,但由于公司处于发展时期,通常会面临现金比较紧张的问题。面对大量优秀的人才,公司能拿出的现金奖励也很少。为了避免公司的人才流失,该高科技公司就面向公司所有员工推出实施股票期权计划。

主要内容：

(1) 授予对象：该公司2004年12月31日前入职且工作满一年的员工。

(2) 授予价格：第一次行权价格只要求被激励员工在行权时象征性地出资，以后每年授予的期权价格根据以后年度每股资产净值来确定。

(3) 授予数量：公司期权每年发行一次，公司初步暂定股票期权发行1 500 000股，为了最大限度地激励员工，公司第一次发行900 000股，期权的授予根据公司已经拟定的相关分配方案进行，第二年授予300 000股，第三年授予300 000股。

(4) 行权条件：只要是本公司员工，在公司工作满一年就可以有行权资格；在公司没有上市之前，员工所持有的期股不能变现或者出售；如果该员工当年没有完全行权，可以在下一年度累积，只有当公司上市之后，员工所持股票才可以变现或出售。另外，如果公司三年之后上市失败，公司可以按员工行权时的出资额加上三年银行复利利息进行回购。

案例分析：

(1) 激励模式。这是一家目前国家政策支持下的典型的高科技企业，公司的成长性非常好。我们认为股票期权是最适合这种高成长性企业的股权激励模式。

(2) 激励对象。对于这样一家高科技企业来说，企业决胜之道的根本是人才。如果企业缺乏有效的激励和约束机制，就很难去吸引更多优秀的人才加盟，也无法稳定一支高素质的人才队伍。这家公司的大多数员工都具有大学本科以上学历，其中，作为人才引进的硕士以上学位的人员占到30%。对于这样一支优秀的团队来说，将公司的未来发展和员工未来发展相结合，使双方利益达到统一是至关重要的。

(3) 激励作用。这个方案的激励作用的最大看点是来自公司在境外上市后的股价升值以及员工持股期间的所有者权利。相对而言，激励力度是比较大的，但由于整个周期设为三年，对于当前急需要现金收入的员工来说，这种期权激励方式是远水解不了近渴。

（二）员工持股

案例背景：某公司是某地国资委下属的一家老企业，主要从事高低压开关的设计和制造。公司成立之后，由于经营不善，一直业绩平平，在国家大力发展西电东输建设高压或者超高压线路时，该公司产品连续中标中国电力工程，业绩突飞猛进。目前，公司的在职人员大多数都拥有高学历和高级职称。在业务发展的同时，公司也不断开发出一系列能引领未来市场的新品，如光电互感器等，企业品牌也得到国际认可。面对这一背景，公司也在计划上市，为了解决公司发展和员工贡献之间的问题，公司决定先进行股份制改造。该公司决定将注册资本从原来的150万元增资至5 000万元，在增资扩股过程中，公司引进员工持股计划，即员工持股40%，该地国资委持股60%。该方案在报送地方上级部门后获得批准，目前，激励的效果也开始一步一步地显现。

主要内容：

(1) 授予对象：公司中高层及全体技术人员。

(2) 持股形式：员工持股在3年内完成，为此，公司成立了员工股权代持机构，并由公司担保从银行贷款购买公司股权，以便解决部分员工没有足够的现金购买公司股权的问题。

(3) 授予数量：员工股权代持机构的股份分配按以下几个方向实行：第一是核心管理层，主要为董事长、总经理及各部门总监，占员工持股总数的50%，其中，最高的为800万元，最低的为200万元；第二是一些技术人员，占员工持股总数的30%，主要为一些在职时间比较长且对公司有突出贡献的人员，其中，最高的为300万元，最低的为50万元；第三是位于生产和销售第一线的优秀员工及各班组长，占员工持股总数的20%，其中，最高的为150万元，最低的为5万元。

案例分析：

(1) 激励模式。公司原先生产设备老旧，没有活力，人员也不多，但在国家政策性机遇下,公司得到长足发展。公司拥有高学历及高职称的员工较多,队伍相对稳定,因此,在增资扩股中引入员工持股计划比较适合。这样不但可以让员工在企业发展的同时享受到公司成长带来的好处,也可以解决股份制改造增资扩股中的资金来源,有利于形成长期激励机制。

(2) 激励作用。公司股权激励在很大程度上增强了公司的凝聚力,能体现企业“共享”的价值观;还具备一定的福利作用,体现了国有资产控股公司的一些特征。

(三) 干股

案例背景: 这是一家从事家居智能化控制的民营企业,主要为国际有名的窗帘跨国制造商提供智能化控制系统。公司在最近几年发展较快,引进了大量的无线电、电子等方面的优秀技术人员及管理人员,建立了一套富有竞争力的工资和奖金收入分配体系。为了最大限度地留住这些人员,不被同业挖走,公司制定了一套干股股权激励计划,使公司的核心团队和技术人员能分享到公司的成长收益,进而增强公司的凝集力和效率。

主要内容:

(1) 授予对象: 公司高级管理人员及技术骨干共计 10 人。

(2) 持股形式: 公司设立干股的主要目的是为了激励一批对公司有突出贡献的员工。公司在年初会要求各激励对象对本年度工作做一个规划,并且在年底对各人员进行业绩评定。公司有权对业绩平平者或者不合格者进行调岗或者按一定百分比发放分红收益。干股的授予总额为当期资产净值的 15%。

案例分析:

(1) 激励模式。由于这是一家处于快速发展期的高科技民营企业,构建一个稳定的核心团队和留住员工最关键,且民营企业大多数老总不希望自己的实际股权被稀释。因此,用干股进行激励最适合这类企业。

(2) 激励作用。这个计划在很大程度上稳定了员工队伍,并且也体现了公司利益共享的企业文化，得到了全体员工的响应，使越来越多的人员体现主人翁精神，对激励他们的工作积极性有着非常好的效果。

（四）实股

案例背景：这是一家从事半导体新材料的公司，由两个海归博士创立，专门为一些国际上知名公司提供该种材料。近几年公司发展迅速，并且有上市的打算，公司在几年高速发展过程中，依靠地方政府一些人才引进计划，再配合自己公司的人才引进计划，吸引了大批拥有高级职称的科技人员和年轻的硕士和博士人员。为了适应公司的发展战略规划及三年内上市计划，构建和巩固企业的核心团队，开明的企业创立者认为需要重新界定和确认企业的产权关系，使一批公司的核心骨干和高级管理人员加入到企业所有者的队伍中来，共同分享公司的成长收益，增强公司股权结构的包容性，使企业的核心团队更好地为企业发展出力。因此，公司第一步就进行了实股计划。

主要内容：

(1) 授予对象：公司高层以及技术骨干共计12位。

(2) 持股形式：公司开始实施一轮增资扩股计划，由公司高层管理人员及技术骨干自愿出资持股。

案例分析：

(1) 激励模式。这也是一家高速成长的高科技民营企业，构建一个稳定的核心团队和留住员工也是最关键的。同时，该公司准备上市，原来的股本已经满足不了将来的要求，因此，对一些关键员工实施实股激励是最好的方式。既可以通过自愿原则实现员工主动参与企业经营管理，分享公司的成长价值；又可以解决公司增资扩股当中的一些资金来源问题。

(2) 激励作用。这个方案通过激励对象用现金自愿认购公司的股权实现长期激励，同时体现了公司原股东的股权包容性和一种利益共享的企业文化，有较好的激励效果。

（五）期权

案例背景：这是一家从事家庭智能驱动设备的生产型企业，也是这个国内朝阳行业的领头羊，是目前国内比较有实力的企业。公司在国际贸易迅速增长的同时，在国内也迅速占有很大市场。公司管理层为了实现产值在未来三年翻一番的目标，向企业一些骨干人员进行了期权激励。

主要内容：

(1) 授予对象：公司中高层、技术人员和生产销售一线的骨干员工。

(2) 持股形式：公司为了应对未来的发展，实现效益最大化，公司原股东按目前资产净值中分出 12%设立股份期权，依据每个经理人员的量化考核来确定所授予的期权数。本计划开始实施时一次性授予，授予日期可假定为 2008 年 7 月 1 日。公司和激励对象约定，公司以一元一股将当期资产净值划分为若干股份，在三年后实现公司战略目标时，经理人员以每股一元的价格购买已经增值的公司股份。

案例分析：

(1) 激励模式。这是一家发展稳定、迅速的民营企业，为实现企业的更高目标和稳定核心员工队伍，使其能真正地在三年战略规划中为企业创造更多的价值。因此，采用期权计划，使职工能够通过自身努力在将来成为企业的所有者之一。

(2) 激励作用。这个方案也是一种长期激励，既体现了公司原股东的股权包容性和利益共享的企业文化，也为公司将来的发展打下基础，有着较好的激励效果。

（六）业绩股票

案例背景：某电器行业的上市公司，而且它的业绩这几年远远高于同行，现金流量也较为充裕。为了应对电器行业的升级换代，公司对内部管理及上游供应链进行了改革和重组，同时对已有产品业务进行了升级。公司作为行业龙头,为了保持业绩稳定和公司核心人力资源的优势,公司开始对高级管理人员和核心骨干员工实行业绩股票计划。

主要内容:

(1) 授予对象:公司高级管理人员和核心骨干员工。

(2) 授予条件:公司每年度提取净利润的2.5%作为对激励对象的激励报酬,用于购买公司已经上市且流通的股票并锁定。根据每年年末的年度业绩考核结果来实施奖罚:考核合格者给予奖励;考核不合格者要求以现金在6个月内清偿处罚资金。

案例分析:

(1) 激励模式。在电器日益成为人们生活必需品的今天,公司在面对外资品牌和国内品牌的双重压力下,仍保持了业绩的稳步增长,并且拥有大量的现金流量。因此,在国家三网融合和LED、3D视觉屏幕的兴起下,公司抓住机遇,对公司核心员工实行业绩股票计划。

(2) 激励作用。这个方案也是一种有效的激励方式,公司在某一年度净利润为8亿多元,提取净利润2.5%,激励资金达到了2 000万元。这对于公司核心高管是一种有诱惑力的激励。如今彩电行业竞争相当激烈,对高科技的人才争夺达到白热化程度,公司的方案有利于让一些核心员工为了企业的长期利益而不遗余力地奋斗。

综观国内一些股权激励的方式,单一的模式可能并不一定适合某个企业,应当采用多种方式相结合。大多数小微民营企业为私营老板所有,采用一些干股加实股加期权的方式,可能更有利于企业队伍的稳定和业务的发展。

小微企业应根据企业发展四个阶段(初创期、发展期、扩张期、成熟期),提出不同时期的股权激励方式。一般而言,在企业初创期,由于企业资金少,财务制度不健全,原始积累薄弱,企业发展前景不明朗,所以,基本上是采用期权形式和虚拟股票形式;在企业发展期,由于企业根基已稳,产品一有销路,企业就会暴发式增长,针对这种情况的股权激励形式通常有股票期权、业绩股票激励和虚拟股票激励形式,也有不少企业会采用限制性股票激励形式;在企业扩张期，由于企业经营稳定，后续发展及创新能力弱，企业就会有多方投资或者吸引有项目和技术的人才进来，一般采用股票期权或者实股；在企业成熟期，企业大都采用精细化管理，在股权激励方面，除了采用期权形式之外，还有无限制性股权激励、业绩股票激励、年薪制转股权和股票增值权等形式。

三、股权激励方案

股权激励方案的策划是一个很庞大的综合系统，在具体设计股权激励方案时，主要是围绕激励对象、激励水平、行权价格（或授予价格）、行权安排（激励有效期和分期行权的安排），行权条件（绩效考核）、资金来源、股票来源等因素进行。股权激励的模式设计一般均在几大关键因素上，小微企业在设计股权激励方案时，首先要考虑到企业自身的特点，毕竟，不同企业在不同发展时期的实际情况也不同。一个成功的股权激励方案应考虑企业的发展周期，选择最适合企业的方法，然后根据不同的阶段进行调整。下面简单讲述一下与股权激励方案有关的几大关键要素。

1. *激励对象*

是指股票期权或者限制性股票的授予对象。激励对象也就是股权的受益者，大致有三种方式：

(1) 全员参与，这主要是在企业的初创时期用得比较多一些。

(2) 大多数员工持股，这主要表现在企业处于上升期或者发展期，企业主为了留住更多的人才，一般会采用多数员工持股以保持企业队伍的稳定性。

(3) 精英员工或者少数员工持有股份，这一模式在初创期或者企业发展期用得比较多，其他企业生命周期也可以用到，这种方式的主要受益人是一些管理人员和关键技术人员，企业缺少了他们可能会引起不稳定或者此类人才可以为企业带来更多的效益。

当然，我们在对激励对象的选择上也要制定一定条款，不吃大锅饭，不搞股权福利,从而真正起到对激励对象的激励作用。

2. 激励方式

是指采用何种方式授予激励对象股权。比较常用的激励方式有三大类:第一类是现股,第二类是期权,第三类是干股。不同的企业类型、不同的发展周期可以采用不同的激励方式,对广大小微民营企业来讲,现股加干股之类的方式可能会更好,或者单单是干股也会起到很好的作用。无论采取哪一种方式,首先要考虑到企业的实际情况,像笔者自己的公司,几个公司一套班子,要实施现股或者期权均比较麻烦,所以最后选择了虚拟股权(即干股)。

3. 股权激励总额及分配(激励水平)

是指向激励对象授予的股票数量占总股本的比例。主要是确定股权激励的股票总量、每个激励对象的分配对象或者后期预留的股票数量。当然,每个企业都有着自己的特殊性,这些都要根据企业的实际情况来制定。

4. 股票来源

是指激励对象行权或者购买时股票的来源。在股票的来源上,由于小微民营企业上市的机会不多,因此,这方面没有一些上市公司那么麻烦,上市公司一般采用定向发行、回购、大股东出让、库存股票等。

5. 资金来源

是指激励对象行权或者购买股票所使用的资金。一般有员工现金出资、公司历年累计公益金、福利基金、公司或大股东提供融资、员工用股权向银行抵押贷款。对于小微民营企业来讲,可能更多的会采用员工出资购买的方式,或者每个月从工资按比例扣钱。这样有利于节约中小企业的前期成本,使企业的资金得到缓解,同时还保持员工队伍的稳定性,提高他们的跳槽成本。

6. 行权价格(或授予价格)

是指激励对象行权或者购买股票时的股票价格。

7. 行权安排

包括激励有效期(对股票期权而言,指取得股票期权之日起到期权失效之日的整个时间跨度;对限制性股票而言,指取得限制性股票之日起到解锁期结束)以及等待期、限售期、解锁期与分批行权的划分。

8. 行权条件

是指通过绩效考核,来判断激励对象能否行权或者得到(出售)股票的标准。

9. 退出机制

是指授予对象股票套现。在笔者十几年的咨询和调研经历中,走访了众多小微民营企业,在和员工的谈论中得知,员工对于退出机制的关心不亚于对每股分红收益的关心,这可能源于众多小微企业本身制度不完善、发展前景不明朗等因素造成。对于员工退出激励方案,一般有以下三种情况的约定:

(1) 正常离职,就是企业和员工之间劳动合同期满且不再续约,或者是退休、经营性裁员,或者是伤残、死亡。

(2) 非正常离职,就是企业和员工之间的劳动合同期未满,员工主动离职。

(3) 员工违反企业规章制度并且被开除。

企业可以根据以上三种情况自行和员工约定一定的退出机制。对正常离职的,企业通常的做法是保留他们的合法权益;对非正常离职的,可以视情况由企业自行和员工约定;如果是开除的话,一般企业都要要求收回股权。

10. 管理机构及操作

是指股权激励管理机构设置。一般实行股权激励项目需要由专门的小组和部门来管理方案实施的日常操作,要保证公开、公正、公平地实施股权激励制度,也要宣传和贯彻共同分担风险、共同享受成果的理念。大部分小微民营企业由于企业本身规模不大,产值都在一亿元以下,均是由人力资源部牵头来实施这一方案。像笔者自己的公司,由于人员更加少,所以由笔者自己牵头,再配以财务和行政助理来实施这一方案。无论是何种操作方式,主要目的就是要调动员工的积极性和发挥主人翁精神,共同谋求企业的中长期利益,促进企业的发展。

小微企业实施股权激励的必要性

目前,我国大量的小微企业经营都遇到了各种困难,融资难、上市难、大量人才流失等问题始终困扰着小微企业主。小微企业本身的特点就是"低、小、散",导致竞争劣势。"低"是指小微企业处于产业链和价值链的低端,产品技术含量低,附加值低,缺乏核心竞争力;"小"是指小微企业规模偏小,实力偏弱,在与大中型企业同台竞争时往往处于劣势;"散"是指小微企业不能"抱团式和链条式发展",缺乏有效的组织,各自为战,形成不了行业的产业优势。

由于小微企业基础条件落后,工作环境差,导致高素质人才引进困难,留住更难的局面(工作时间、工资待遇等)。人才的匮乏一方面使小微企业难以建立起真正的现代企业制度,虽然在形式上具备了一个企业的架构,但在经营决策中容易出现家长式的一言堂和随意性等情况,而且内部管理粗放,财务制度和用人制度混乱。另一方面,人才匮乏也导致小微企业自主创新能力低下,难以开发适应市场变化要求的新产品、新服务,难以通过改进生产工艺达到降低生产成本、提高生产效率的目的。现代企业竞争说到底是人才竞争,小微企业想得到更好、更持久和更大的发展,必须要加强本身特定优势这一个生命线,只有尽快建立一支有较高素质的职工队伍,不断提高自身的管理水平和自主创新能力,企业才会走得更远。实施股权激励,留住核心人才,对小微企业来说越发显得重要。

小微企业推出股权激励有以下几方面的重要作用:

1. 有利于端正员工的工作心态

推出股权激励有利于端正员工的工作心态,提高企业的凝聚力和战斗力。从雇员到股东,从代理人到合伙人,这是员工身份的质变,而身份的质变必然带来工作心态的改变。过去是为老板打工,现在自己成了企业的“小老板”。工作心态的改变定然会促使“小老板”更加关心企业的经营状况,也会极力抵制一切损害企业利益的不良行为。实施股权激励的结果是企业的管理者和关键技术人员成为企业的股东,其个人利益与公司利益趋于一致,能有效地弱化两者之间的矛盾,从而形成企业利益的共同体。

2. 有利于经营管理者关注企业长期发展

传统的激励方式(如年度奖金等)对经理人员的考核主要集中在短期财务数据,而短期财务数据无法反映长期投资的收益,因此,采用这些激励方式无疑会影响重视长期投资的经理人的收益,这客观上刺激了经营决策者的短期行为,不利于企业的长期稳定和发展。

引入股权激励后,对公司业绩的考核不但关注本年度的财务数据,而且更关注公司将来的价值创造能力。此外,作为一种长期激励机制,股权激励不仅能使经营者在任期内得到适当的奖励,并且部分奖励是在卸任后延期实现的。这就要求经营者不仅关心如何在任期内提高业绩,而且必须关注企业的长远发展,以保证获得自己的延期收入。由此可以进一步弱化经营者的短期化行为,更有利于提高企业在未来创造价值的能力和长远竞争能力。

3. 有利于吸引和留住核心人才

小微企业实施股权激励机制,可以让员工分享企业成长所带来的收益,增强员工的归属感和认同感,激发员工的积极性和创造性;当员工离开企业或有不利于企业的行为时,将会失去这部分的收益,这就提高了员工离开公司或“犯错误”的成本。因此,实施股权激励计划有利于企业留住和稳定人才。另外,股权激励制度还是企业吸引优秀人才的有力武器。由于股权激励机制不仅针对公司现有员工,而且公司为将来吸引新员工预留了同样的激励条件。这种承诺给新员工带来了很强的利益预期,具有相当的吸引力,可以聚集大批优秀人才。

对高级管理人员实施股权激励也是企业应对人才市场竞争的需要。企业的成长和发展需要从外界不断地吸收人才来充实和加强自身的管理团队,而且越来越多的公司正在或准备实施长期激励计划。据统计,我国千家上市公司中,已经或正准备实施不同类型的股权激励计划的有近150家。加之财政部和证监会正在积极制订并推出《上市公司股票期权试点办法》,推行股权激励的上市公司会越来越多。在同上市公司竞争时,非上市公司(尤其是小微企业)为了吸引、挽留、激励关键岗位的管理人才和技术人才,必须调整薪酬政策,建立长期激励机制,才能在市场竞争中处于不败之地。

小微企业实施股权激励计划,既是自身发展、壮大的内在要求,也是外在市场竞争加剧的必然结果。

4. 降低即期成本支出

降低即期成本支出,为企业顺利过冬储备能量。金融危机的侵袭使企业对每一分现金的支出都表现得格外谨慎,尽管员工是企业"最宝贵的财富",但在金融危机中,捉襟见肘的企业也体会到员工有点"贵得用不起"。作为固定薪酬支付的部分替代,股权激励能在很大程度上实现企业与员工的双赢。概而言之,作为一种长效激励工具,股权所迸发的持续激情是工资、提成和奖金等短期激励工具所无法比拟的。鉴于此,股权激励受到越来越多非上市公司的追捧和青睐。

5. 业绩激励

实施股权激励后,企业的管理者和技术人员成为公司股东,具有分享企业利润的权力。经营者会因为自己工作的好坏而获得奖励或惩罚,这种预期的收益或损失具有一种导向作用,它会大大提高管理人员与技术人员的积极性、主动性和创造性。员工成为公司股东后,能够分享高风险经营带来的高收益,有利于刺激其潜力的发挥。这就会促使经营者大胆进行技术创新和管理创新,采用各种新技术来降低成本,从而提高企业的经营业绩和核心竞争能力。

总之,股权激励使员工持有公司股份,使原来企业和员工间的雇佣关系变成一种同盟或者说是一种合作的关系,有利于长久地留住优秀员工,更有利于激发他们的创造性和工作积极性。在对员工的激励与约束上,它通过企业的所有权、经营权分离,使企业的经营收益、企业价值、发展方向和事业高度等方面达到前所未有的统一,使员工和企业所有者之间如同同盟一般协调默契;在管理上,它改变了以往薪酬体系的外部激励方式,在员工持股之后,使之变为对员工自身的内在激励,从而增加了员工的自律性和主观能动性。特别是企业达到一定人数和产值达到一定规模后,股权激励可以明显改善公司的治理结构,增强公司凝聚力,从而降低企业的运营成本、大大地提升管理效率和市场力。

小微企业实施股权激励的难点与对策

一、小微企业在实施股权激励中所面临的问题

1. 企业不稳定,股权流通性不够,导致股份期权激励不足

小微企业多涉及新兴行业和第三产业,这些行业竞争激烈,企业寿命较短;企业正处于迅速成长的阶段,企业的组织形式、经营范围等都有可能发生巨大的变化,合并、分立、投资转向等造成企业中止的情况时常发生;企业规模较小,控制权集中,在经营决策上较为随意,不可避免地会造成企业政策变动大,持续性较差;管理层的人才流动性很大,也造成了经营决策上的不连续性。

2. 小微企业公司估值、股权定价问题

如同商品的价值一样,公司的价值只有投入市场才能通过价格表现出来,在有效的资本市场中,公司股票的价格就是公司的长期价值。然而,众多小微企业要评估其价值却要难得多,目前,大多以公司的净资产作为评价标准,但公司净资产随着会计处理的不同差异会很大,不能真实地反映公司的长期价值,这也就很难对经营者的业绩作出合理的评价。其次,由于公司估值难以确定,股权激励的价格同样难以确定。一般而言,上市公司股权激励计划在行权价格的确定方面以股票市场价格作为定价基础,中国以每股净资产作为行权价格的做法过于简单,以股票价值作价更是价值失真,其客观性、公正性与准

确性都存在着严重问题。

3. 员工业绩考评困难,实施股份期权激励程度不易衡量

股份期权制度激励是通过行权价格与转让价格之间的价差实现的。由于小微企业多为非上市公司,制定行权价时缺乏市场价格作为参考,股票期权的行权价格难以确定。部分小微企业在实际管理过程中还没有建立规范的基础管理制度,企业没有建立科学的绩效评价体系,不能正确地衡量员工的业绩,实施激励股权时就缺少了进行股权激励的依据。

4. 错把股权激励当作为员工谋福利,为了留住人才而盲目地实施股权激励

很多小微企业主对实施股权激励的目的存在理解上的偏差,这给股权激励的实施带来很大障碍,股权激励是长期激励,对被激励对象而言具有收益不确定性的特点,用之不当不但不能激励,反而适得其反。

5. 员工作为股东进退机制的问题

随着公司的发展,公司经营管理者及其他员工将不断发生变化,有的员工会离开公司,有的新员工进入公司。根据员工持有股份的初衷,离开公司的员工就要退出股份,新进员工应持有股份。由于小微企业是非上市公司,股东的进退机制很难理顺,同时,由于公司性质的不同,股东的进入与退出受到的限制相对小很多。因此,小微企业股权的进入和退出操作起来比上市公司复杂得多。

6. 道德风险问题

在所有权和经营权相分离的现代公司治理结构中,股东与职业经理人通过订立契约而建立委托代理关系。但由于双方追求目标的不一致性以及信息的不对称性,存在职业经理人未尽信托责任、违反职业道德、损害公司和股东利益的风险。

7. 股权稀释的风险

在以权益作为结算工具的情况下,不论是股权还是期权的授予,其结果必然使现股东的股权被稀释,现股东的控制权在一定程度上将会削弱。对于有

上市打算的公司来讲,如果股权激励计划对大股东的股份稀释过大,有可能造成公司实际控制人发生变更,从而对公司的上市主体资格造成负面影响。即使公司不打算上市,如果股权激励方案设计得不合理,也有可能导致公司陷入"公司僵局",使公司股东无法作出有效的决议。

8. 股权纠纷的风险

由于股权激励计划与公司经营状况和员工绩效直接挂钩,而民营非上市企业财务很不规范。有的企业明明是盈利的,却在财务报表上显示为亏损,这就造成绩效考核的失真,从而引发公司与员工的矛盾。另外,员工取得公司股权以后,作为新股东,有可能与老股东在公司经营管理、发展战略上出现分歧,股东之间出现矛盾并导致纠纷的风险就大大提高。最重要的是,因员工离职等原因而导致公司需要回购股权激励的股份时,往往会面临非常大的困难。

9. 股权激励不完备的风险

在股权激励方案中,由于缺乏对各种触发机制的事先约定,例如,对公司实际控制人变更、组织机构变化、员工职位变化、离职、退休、死亡、工伤等各种情况没有事先约定,导致不仅没有达到长期激励的效果,还会引发各种纠纷。另外,也有的企业任意变更股权激励方式,从权益结算股权激励(如股票期权、限制性股票等)变更为虚拟股票,从而引发员工不满。在小微非上市公司股权激励中,很多企业为图方便和避免频繁变更企业工商登记资料,往往采取股权代持的方式。如果员工离职,再通过私下转让的方式解决股权回购的问题。另外,当股权激励对象数量较大时,为了使公司的股东人数符合《公司法》及《证券法》的规定,公司高管或其他雇员集合资金注册新公司,由新公司向目标公司增加注册资本或受让公司股权。这种方式如果操作不当,就有可能涉嫌非法集资。针对保险中介行业的部分企业以股权激励的名义进行非法集资的情况,中国保监会于 2011 年 11 月 18 日出台的《关于严格规范保险专业中介机构激励行为的通知》就明确规定:"对利用激励名义从事非法集资、传销等违法犯罪活动的,要严厉打击,依法移送。"

二、小微企业在实施股权激励时所面临的问题和对策

1. 完善的公司治理结构

完善的公司治理结构能够为股权激励的实施创造良好的内部环境。加大对经营管理层必要的监督和约束,防止管理层的短期行为和冒险行为;规范化、程序化的运营将有助于避免暗箱操作;在实施股票期权激励前,必须首先选择合适的公司经理,规避道德风险;从产权制度出发,加快股权结构多元化的改革,制止大股东侵占中小股东利益的行为。

2. 股权激励与其他激励手段的合理配合使用

通过对管理层股权激励与其他激励手段的合理配合,可以避免企业只重视股权激励而造成对其他激励方式的忽视,进而影响到股权激励效果。在激励组合上,对企业的主要经营者可以以股权激励为主,精神激励和目标激励为辅的方式。多为他们提供晋升的机会,同时可以给经营者订立一个合理又极富挑战性的目标。

3. 重视并防范在实施过程中所面临的风险

在清醒地认识股权激励存在风险的基础上,股东、董事、监管机构、中介机构都要积极行动,有效地防范和控制股权激励的种种风险。在运用股权激励的思路上,要遵循增量激励、激励与约束结合、风险与收益对称、公司、股东、管理层利益一致以及规范、审慎、渐进的原则。实际操作上,要控制股权激励的无序、无风险、无条件,防止激励有余和约束不足。在风险控制的手段上,发挥股东控制、董事会控制、激励对象控制、制度控制、市场控制、社会公众监督的各自作用。

4. 股权的设计应该考虑企业和行业特点

股权激励的有效性与企业和行业特点有很大关系,在决定是否实施股权激励时,一定要考虑企业和行业的特点。成长性高的企业和行业可能更适合

搞股权激励,那些成长率低的企业和行业就不一定很适合。不要把股权激励当作吸引人才、稳定管理层的"万能药"。

5. 建立科学的评价指标体系

从目前我国其他企业推出的股权激励方案来看,考核、评价被激励者能否行权的条件主要是财务指标,这显然是不全面的。由于财务指标具有容易被人为操作的特点,经理层能够利用职务之便和技术之便更改财务考核指标,促使经理层行权变为可能。因此,除了财务指标外,还应增加其他必要的定性指标,如考核被激励对象的品德、执业能力、执业水平等,不断完善科学的业绩考核制度。

随着社会经济的发展,众多小微企业现已成为我国经济发展中富有生机和活力的重要组成部分。小微企业要做大、做强,必须充分发挥企业高层管理者和技术骨干的作用,加大对他们的激励力度。在企业的发展过程中,应学习和借鉴外国企业和我国国有企业的成功经验,结合自身实际情况,积极建立股权激励机制,充分调动员工的工作积极性,以此来保证企业持续、稳定、健康地发展。

小微企业实施股权激励的关注点

小微企业主在设计股权激励方案的时候,经常出现很多共性的问题,而且是经常出现的,在此总结出小微企业主做股权激励方案时应重点关注的几个方面。

1. 避免利润中心划分不准确

在设计股权激励方案的时候,利润中心划分一定要准确,利润中心的划分是前提和基础,只有划分好利润中心,才具备实施股权激励的前提。在这个过程中,一定要把握好一个原则,那就是尽量划小核算单位,这是实施股权激励的关键。连锁型企业、制造型企业、科技型企业都有自己独特的利润中心,在划分的时候要区别对待,利润中心划分太大了,会影响到股权激励方案的效果。

2. 避免定量不到位

不要把股权激励做成绩效考核,导致方案效果大打折扣。股权激励和平时绩效考核不一样,股权激励重在激励,要让员工从震惊到刺激,而且找到当老板的感觉,只有这样,员工才能把公司的活当成自家的活干。同时,股权激励也不是奖励,股权激励重在激励那些有上进心的人,让他们多干,才能多得,而不是多干了,就发红包。

3. 避免"吃大锅饭"现象

股权激励不是"撒芝麻盐",要重点岗位重点激励,重在激励核心少数人,不是所有人都有的。什么岗位该给?什么人该给?苗子、能臣、功臣怎么给?

都要认真分析,带着一颗平均主义的心去设计股权激励方案是设计不好的。股权激励重在效率,不能总是站在公平的角度考虑股权激励,这样很容易导致“吃大锅饭”,方案的实施效果会受影响。所以,在设计股权激励方案的时候,定岗定人很重要,这也是企业家在做股权激励方案时经常犯的一个错误。

4. *涉及银股一定要规避退出风险问题*

在一个股权激励方案中,如果涉及银股,就要慎重考虑退出机制问题。在很多情况下,小微企业主在设计银股方案的时候,往往留下很大的后患。例如,我们经邦集团第28期股权激励方案班,来了一个温州的汽车零配件企业家周总,他在2003年就给员工做了银股的股权激励,方案落地后,公司的业绩发生了翻天覆地的变化。可是,到2007年的时候,银股到期,核心高管按照合同事先约定的1∶9的价格,把手头上的银股纷纷套现离职,导致公司陷入困境。这次经历让周总懊悔很久,只怪自己当初没有设计好银股的退出机制。因此,在涉及银股的时候,一定要考虑好银股的退出机制,避免职业经理人的短期行为,避免他们大批套现走人,从而导致企业陷入困境。

5. *灵活选择股权激励标的物*

根据行业周期,灵活选择激励标的物。股票期权和限制性股票的特性是不一样的,限制性股票一般需要被激励者一定资金量的投入,虽然同时拥有普通股票的股权表决权,但要承担股价下跌可能带来的预期风险;而股票期权一般不需要被激励者投入资金,虽然不拥有普通股票的股权表决权,但也不要承担股价下跌的风险,只享受股价可能上涨带来的收益。两种激励模式的特性区别对被激励者的行为方式可能产生如下影响:在限制性股票模式下,由于收益和风险同时存在,被激励者实际投资能力和抗风险能力有限,股权激励数量不会很大,激励效果有一定限制,在引导被激励者努力工作的同时,可以避免过度冒险;而在股票期权激励模式下,由于收益和风险的不对称,期权数量设计也不受风险承受能力的制约,期权数量增加可以产生较大的杠杆激励效果,但容易引起被激励者过度冒险的倾向。股票期权往往适用于成长期和扩张期的企业,限制性股票主要适用于成熟期的企业以及对资金投入要求相对不高的企业。微软在公司发展和扩张阶段选择了股票期权,产生强烈的激励效果,使企业飞速发展,而当企业进入成熟期后,微软及时调整了激励模式,既可以使企业稳定发展,避免过度冒险,也可以减少因激励产生的股权支付成本。因此,在选择激励模式时,需要针对行业特点、企业规模、被激励者能力大小等因素进行权衡考虑,灵活选择。

6. 行权安排要合理

对行权期的安排,在充分考虑提高被激励者积极性的同时,尽可能地延长行权的等待期或锁定期,并设置分期行权。这样做是为了使激励和约束相结合,保证公司长久健康发展,有助于提高约束机制的效率。微软在实行股票期权的时候,其最短等待期达4年半,这和国内不少企业设置较短的等待期(如仅有1年)有明显的区别。另外,对分期行权,要注意企业对股权支付成本分摊的承受能力,不确定的集中行权可能导致公司的财务困难。安然公司1998—2000年高昂的股权支付成本反映了其分期行权设置的不合理。

7. 业绩考核的指标要科学全面

业绩考核指标的确至关重要,没有客观有效的业绩评价指标体系,很难对公司的价值和被激励者的业绩作出合理的评价。合理的业绩考核体系应能正确地区分管理层主观努力与外部环境对公司业绩的影响,还应该能避免被激励者利用法规制度的漏洞粉饰业绩,以绕过考核。安然公司的管理层利用当时会计制度的漏洞,预计收入,提前入账,造成虚假利润,攫取股权。所以,业绩考核指标要科学全面。

8. 避免激励适度,要兼顾社会责任

随着股权激励在西方的快速发展,财富神话在不断地被复制。安然公司的高管一个接一个地成为亿万富翁,与普通员工的收入差距无限拉大。据统计,1998年,美国经理层与普通员工的收入比为419∶1,2004年,中国企业高级管理层与普通员工的收入差距为3—15倍。贫富差别的过分拉大,可能会引发社会矛盾,因此,在设计股权激励方案时,经营者的持股比例要适度,在避免福利化的倾向时,要兼顾普通员工的激励收益。

第二章◎股权激励的作用

股权激励的杠杆效应

最近，公司正在为一家客户设计股权激励方案，在讨论股权激励对象的时候，引发了激烈的争论。争论的核心是较低级别的研发人员是否参与股权激励计划。之所以会有这样的争论，是因为这家企业是研发制造型企业，技术是其核心竞争能力的重心所在，而研发是推动其技术进步的关键。这些较低级别的研发人员虽然在组织内的层级不高，但却是干活的主力军，而那些级别较高的研发人员虽然资历和经验很丰富，但或多或少地脱离了研发一线，真正冲到一线埋头干活的却是这些离开大学校园不久的硕士研究生。这批人经过两年左右的培养已经成为合格的研发人员，同时也是竞争对手挖角的重点目标。有的高管认为这些人员层级较低，公司的价值贡献没有高层人员高，而且如果纳入的话，激励范围太大反倒失去了激励作用。力主纳入计划的高管则认为，如果这些人因为没有受到激励而被竞争对手挖走的话，对公司损失更大。

到底要不要将这部分人员纳入股权激励计划呢？这就要考虑如何用好股权激励的杠杆了。

股权激励对员工来说是重量级激励。因为只要纳入了股权激励计划，不仅仅能够得到相当丰厚的回报，而且还将自己的切身利益与企业的业绩表现紧密地结合起来。只要企业有好的发展前景和业绩表现，自己也能够分享业绩带来的高收益。因此，股权激励对员工来说是相当敏感的，这种敏感导致了股权激励的杠杆效应。对于一个层级的所有员工来说，如果全部纳入股权激励计划，就相当于什么也没做，这种大锅饭的利弊就不用再细说了。如果将大部分人纳入到股权激励计划当中,这种激励其实变成了一种负向激励,没有进入股权激励计划的那一小部分人就会因为被排斥在计划之外而离开。如果将一小部分人纳入到激励计划当中,这种激励才是一种正向激励,它通过对一小部分人的激励撬动剩余的大部分员工的主观能动性,引导这些员工通过努力进入到激励计划当中来。

如果企业能够很好地利用股权激励的杠杆效应,可以通过正反两个方向的激励效应来实现正向激励。

1. 较高层级人员

对于较高层级的人员来说,如果将大部分人纳入到激励计划当中来,可以有意识地实现人员流动。其实,每个企业的中高层人员当中总是会有些南郭先生的,如果通过股权激励计划将这部分人筛选出来,促使其主动离开企业,对企业的团队建设是很有帮助的。假设某个层级一共有 20 人,如果选择其中的 18 人进行股权激励,剩余的两人选择主动离开的可能性就很大。这样一来,不仅对优秀的员工进行了激励,同时还将那些混在队伍当中的滥竽充数者隔离开来,对团队建设大有帮助。当然,这种做法也不是一定要求这些人员离开公司,如果他们能够正确认识到自身的问题,通过努力工作还是可以在下一个时点重新进入激励计划的。

2. 较低层级人员

对于较低层级的人员来说,将少部分人纳入到股权激励计划当中来,则可以起到很好的正向激励作用。还以上面的 20 人为例,如果将 4 人纳入到股权激励计划当中并使他们通过激励计划分享公司业绩,则会感召剩余的大部分人通过自身努力在下一个时点进入到激励计划当中来。这种情况下没有进入计划的人占大多数,不会因为自己没有进入计划而感到没有面子或是其他负面效果,反而会引导大家按照公司的期望争取进入到计划当中。当然,除了这些,还可以为公司节省激励成本,毕竟,股权激励对于公司来说是要付出巨额成本的。

股权激励的杠杆作用是不言而喻的。因此,企业在设计股权激励计划的时候,应当综合考虑并利用好股权激励的杠杆效应,以收事半功倍之效。

一套行之有效的激励机制

一、多种激励机制的制定和综合运用

激励制度首先要体现公平的原则，要在广泛征求员工意见的基础上出台一套大多数人认可的制度，并且把这个制度公布出来，在激励中严格按制度执行并长期坚持。其次要和考核制度结合起来，这样能激发员工的竞争意识，使这种外部的推动力量转化成一种自我努力工作的动力，从而充分发挥人的潜能。最后是制定制度要体现科学性，也就是做到工作细化。企业必须系统地分析和搜集与激励有关的信息，全面了解员工的需求和工作质量的好坏，不断地根据情况的改变制定出相应的政策。

企业可以根据本企业的特点采用不同的激励机制，例如，可以运用工作激励，尽量把员工放在他所适合的位置上，并在可能的条件下轮换工作岗位，以增加员工的新奇感，从而赋予工作更大的挑战性，培养员工对工作的热情和积极性。日本著名企业家稻山嘉宽在回答"工作的报酬是什么"时指出："工作的报酬就是工作本身"，可见工作激励在激发员工的积极性方面发挥着重要的作用。其次可以运用参与激励，通过参与，形成员工对企业的归属感和认同感，可以进一步满足自尊和自我实现的需要。我国企业职工参与企业决策和企业治理的渠道有许多，但更多的只是流于形式，因此，仍有待进一步完善和健全。目前，荣誉激励的方式在企业中被普遍采用，这是一种比较有效的方法，对此，股权激励更是一个较好的解决方案。通过使员工在一定时期内持有股权,享受股权的增值收益,并在一定程度上承担风险,可以使员工在经营过程中更多地关心企业的长期价值。股权激励对防止短期行为、引导长期行为具有较好的激励和约束作用。例如,某店在企业成立十周之际,企业对在企业工作满十年的老员工和老干部给予干股奖励,金额虽然不多,但温暖着每一名员工和干部,使全体员工感到企业对自己工作的认可,全体员工把获得干股奖励资格作为第一目标,以获得那份光荣。这一激励措施有效地利用了员工的荣誉需求,取得了良好的激励效果。事实上,激励的方式多种多样,主要是采用适合本企业背景和特色的方式,并且制定出相应的制度,创建合理的企业文化。通过综合运用不同种类的激励方式,就一定可以激发员工的积极性和创造性,使企业得到进一步的发展。

二、多跑道、多层次激励机制的建立和实施

单一的激励制度尽管也能达到预期目标,但是多层次、多跑道的激励机制往往会对管理起到推波助澜的作用。

联想集团的激励模式可以给我们很多启示,其中,多层次激励机制的实施是联想创造奇迹的一个秘方。联想集团始终认为激励机制是一个永远开放的系统,要随着时代、环境、市场形式的变化而不断变化。这首先表现在联想在不同时期有不同的激励机制,对于20世纪80年代第一代联想人,公司主要注重培养他们的集体主义精神和物质生活基本满足。而进入20世纪90年代以后,新一代的联想人对物质要求更为强烈,并有很强的自我意识。从这些特点出发,联想制定了新的、合理的、有效的激励方案,那就是“多一点空间、多一点办法”,根据高科技企业发展的特点激励多条跑道。例如,让有突出业绩的业务人员和销售人员的工资和奖金比他们的上司还高许多,这样就使他们能安心现有的工作,而不是煞费苦心地往领导岗位上发展。他们也不再认为只有

做官才能体现价值，因为做一名成功的设计员和销售员一样可以体现出自己的价值。这样，他们就把所有的精力和才华都投入到最适合自己的工作中去，从而创造出最大的工作效益和业绩。

联想集团始终认为只激励一条跑道一定会拥挤不堪，一定要激励多条跑道，才能使员工真正能安心在最适合他的岗位上工作。其次是要想办法了解员工需要的是什么，分清哪些是合理的和不合理的，哪些是主要的和次要的，哪些是现在可以满足的和是今后努力才能做到的。总之，联想的激励机制主要是把激励的手段、方法与激励的目的相结合，从而达到激励手段和效果的一致性。他们所采取的激励手段是灵活多样的，是根据不同的工作、不同的人、不同的情况制定出不同的制度，而绝不能是一种制度从一而终。

三、充分考虑员工的个体差异，实行差别激励

激励的目的是为了提高员工工作的积极性，而影响工作积极性的主要因素有工作性质、领导行为、个人发展、人际关系、报酬福利和工作环境，而且这些因素对不同企业所产生影响也不同。

由此可见，企业要根据不同的类型和特点制定激励制度，而且在制定激励机制时一定要考虑到个体差异。例如，女性员工相对而言对报酬更为看重，男性员工则更注重企业和自身的发展。在年龄方面也有差异，20—30 岁的员工自主意识比较强，对工作条件等各方面要求比较高，因此，“跳槽”现象较为严重。31—45 岁的员工则因为家庭等原因比较安于现状，相对而言比较稳定。在文化方面，有较高学历的人一般更注重自我价值的实现，既包括物质利益方面的，又包括精神利益方面的，如工作环境、工作爱好、工作条件等，这是因为他们在基本需求得到保障的基础上追求精神层次的满足，而学历相对较低的人则首要注重的是基本需求的满足。在职务方面，管理人员和一般员工之间的需求也有不同。因此，企业在制定激励机制时，一定要考虑到企业的特点和

员工的个体差异,这样才能收到最大的激励效力。另外,企业要为员工创造一个舞台,一个职工长期在一个公司工作,不可能一直从事一个工种,往往要经过多次工作调换。为了使职工能够适应多种工作的需要,通过在整个工作中职务轮换的方法,使职工们得以接触到各种不同的业务,并得以提升,从而扩展职工们职业生涯的发展道路。让员工能够施展才华,实现自我价值,同时又要及时地发现与处理员工工作和生活中所产生的实际问题。这些问题如不加以妥善处理,就会产生思想问题,进而影响工作的精神状态。

四、企业家及员工的自我激励

企业家的行为对激励制度的成败至关重要,是影响激励制度成败的一个重要因素。首先,企业家不仅要严格约束自己,更要做到自身廉洁,不要因为自己多拿多占而对员工产生负面影响。其次,企业家要做到公正不偏,不任人唯亲,要坚持以员工为本的管理思想,为员工创造良好的工作环境。最后,企业家要为员工做出榜样,即通过展示自己的工作技术、管理艺术、办事能力和良好的职业意识,培养下属对自己的尊敬,从而增加企业的凝聚力。

李嘉诚用他的奋斗史造就了长江实业的巨头形象。霍英东用他的创业史创建了“霍英东时代”。他们每个人的人生轨迹都可以归结到同一个命题上来,也就是一个企业家对一个企业的影响。设想一个责任心不强,做事不公正,在人才选拔上任人唯亲的企业家,对员工如何有信服力? 总之,企业家要注重与员工的情感交流,使员工真正地在企业的工作中得到心理的满足和价值的体现。当然,在激励中也不能忘记对企业家的激励,政府相关部门出台对企业家实行年薪制就是要充分调动企业家的工作积极性,进一步推动企业向前发展。俗话说,“厂兴我荣,厂衰我耻”。在企业内部,企业与员工虽有相互矛盾的一面,但更重要的是互相依托的关系。企业是全体员工的“生命共同体”,是企业内聚力的根基,也是共建“心理契约”的基础。从现代意义上讲,企业是经济生产、员工生活的场所，更是员工实现自我、成就自我的场所，企业的目标是企业成长和员工发展双重目标的统一。如果一个企业只单纯地考虑企业的经济利益，而不管员工的成长，那只会是短命的企业，其存在是不可能长久的，优秀的员工迟早会另寻出路的。都说“做企业的主人”，它不是一句空洞的表白，是需要双方共同努力配合才会实现的。

如果企业家和企业为员工创造了良好的创业平台，员工就应该从自我激励的角度实现人生的价值。青岛港码头桥吊队队长许振超从勤学苦练入手，在攻克了一个个难题之后，实现了人生的巨大飞跃，成为当代员工的楷模，也为青岛港码头桥吊队赢得了荣誉。在他们获得荣誉之后，往往会说，感谢企业的培养，感谢同事等，在这些朴素的话语里面其实隐含着极大的企业与员工相互激励的原理。企业成就了员工，员工们则会在一个又一个的荣誉中进行一次又一次的自我激励，使人生价值得到升华。“以人为本”的治企理念就是从员工的自我激励开始的。

五、正激励和负激励相辅相成

正激励和负激励是依据强化理论的原理而采取的激励制度。正激励是指当一个人的行为符合社会的需要时，通过奖赏的方式来鼓励这种行为，以达到持续和发扬这种行为的目的。负激励是指当一个人的行为不符合社会的需要时，通过制裁的方式来抑制这种行为，以达到减少或消除这种行为的目的。正激励是从正方向予以鼓励、负激励是从反方向予以刺激，它们是激励中不可缺少的两个方面。

俗话说：“小功不奖则大功不立，小过不戒则大过必生。”在实际工作中，只有做到奖功罚过、奖优罚劣、奖勤罚懒，才能使先进受到奖励，使后进受到鞭策，真正调动起人们的工作热情，形成人人争先的竞争局面。如果良莠不分，是非不明，势必造成“干多干少一个样、干与不干一个样”的不良局面，使激励无的放矢,得不到好的效果。所以,只有坚持正激励与负激励相结合的方针,才会形成一种激励合力。

正激励是主动性激励,负激励是被动性激励,就两者的作用而言,正激励是第一位的,负激励是第二位的,在激励中应该坚持以正激励为主、以负激励为辅的原则。海尔集团在正负激励方面做得比较成功,海尔集团开始宣传“人人是人才”时,员工反应平淡。有的员工认为又没受过高等教育,当个小工人算什么人才?但是,当海尔把一个普通工人发明的一项技术革新成果以这位工人的名字命名时,在工人中很快就兴起了技术革新之风。例如,工人李启明发明的焊枪被命名为“启明焊枪”,工人杨晓玲发明的扳手被命名为“晓玲扳手”。这一措施大大激发了普通员工创新的激情,后来不断有新的命名工具出现,员工的荣誉感得到极大满足。对员工创造价值的认可,是对他们最好的激励,及时的激励能让员工觉得工作起来有盼头、有奔头,进而也能激发出员工更大的创造性。另外,海尔集团每月还对所有的干部进行考评,考评档次分表扬与批评两种。表扬得1分,批评减1分,年底两者相抵,达到负3分的就要淘汰。同时,通过制定制度使干部在多个岗位轮换,全面增长其才能,根据轮岗表现决定升迁。一正一负、一奖一罚的激励机制,树立了正反两方面的典型,从而产生无形的压力,在组织内部形成良好的风气,使群体和组织的行为更积极,更富有生气。尽管激励的这两种手段性质不同,但效果是一样的,从管理的整体看,奖(正激励)惩(负激励)必须兼用,不可偏废。只奖不惩,就降低了奖励的价值,影响奖励的效果;只惩不奖,就会使人不知所措,人们仅知道不该做什么,却不知道应该做什么,甚至还可能由于人们的逆反心理而产生反作用。所以,必须坚持奖惩结合的制度。

管理是科学,更是一门艺术。无论什么样的企业都离不开人的创造力和积极性,因此,企业一定要重视对员工的激励。根据实际情况,综合运用多种激励机制,把激励的手段和目的结合起来,改变思维模式,真正建立起适应企业特色、时代特点和员工需求的开放的激励体系,使企业在激烈的市场竞争中立于不败之地。

股权激励的原则和指导性意见

股权激励方案能不能用于非上市公司(尤其是小微企业)上,现在来看这个答案是肯定的。根据全球股权激励的发展脉络和现状,特别是一些非上市企业、小微公司的股权激励实际,我认为股权激励在小微企业不但可行,而且效果很好。股权激励方案要放在前些年,对中国来说完全是陌生的制度,但现在已经不是,中国很多企业都陆陆续续实施了股权激励方案,效果参差不齐,但股权激励是一个必然的趋势。

一、股权激励的原则

小微企业有其自身特点,在实施股权激励时要遵循以下几个原则。

(1) 合法性原则。只有建立符合法律和国家政策的股权激励体系,才能确保避免违规和操作的长期性。股权激励体系运作的规范化、制度化也可以杜绝收入分配中的非透明成分和灰色成分。

(2) 公平性原则。人才是公司发展的根本要素,股权激励体系只有遵循公平性的原则,才能更好地吸引、激励、保留企业实现战略目标和发展所需要的人才。

(3) 匹配性原则。小微企业实施股权激励,不仅仅需要遵循激励对象的匹配、方案的匹配,还需要符合公司发展战略的需要,以有效引导被激励对象促进战略目标的实现。

(4) 针对性原则。正确的股权激励方案应该具备针对性原则,并根据不同层次针对性地设计股权激励体系才能有利于公司的良性发展。

二、股权激励的指导性意见

公司所有者在确定股权激励目的之前,有以下几种指导性意见。

1. 股权激励不是股权奖励

股权激励的目的是为了留住人才并让人才努力工作创造价值,留住人才就需要从长远的角度出发,考虑经营者的利益。股权奖励只是针对某一个短暂的、临时的行为进行鼓励,不会起到吸引经营者长期服务的目的,所以,股权激励不是股权奖励。

2. 股权激励不是股权福利

股权激励的目的是为了留住对公司非常重要的人才,如管理人才、技术人才、销售人才、财务人才等。上述人才对公司的发展至关重要,并且能够创造价值,这是公司的主要目的。股权激励的对象是有选择性的,股权激励的手段是要上述人才认为值得留下来为公司效力;福利大多是针对公司所有人员的,福利在职工的认识领域中会被认为是公司应当发放的,并且福利是短期的、暂时的,无法分开高级人才与普通职工的区别。事实证明,如果所有职工都能够享受到的待遇,就会被认定为福利,会被认定为应当得到的,就不会对管理层等重要员工产生激励作用。所以,股权激励不是股权福利。

3. 股权激励不是慈善行为

对于公司所有者来说,股权意味的就是财富或者将来的可得利润,没有一个人非常情愿地将自己的股权拱手送给他人。否则,这样的股权没有任何异议,非常随意就可以赠送他人的股权本身也就没有太大价值,也起不到太多的激励效果。

例如，在一个公司刚刚起步阶段，甚至在亏损阶段，作为经营者，他们更多的是希望及时兑现当前的工作报酬，而不是期望将来公司的发展所带来的财富，因为他们看不到财富的希望。如果公司处于高速发展阶段，公司所有者与经营者都能够看到未来的发展以及巨大的利益。这个时候，股东出让自己的股份，是心痛的一种行为，但是，为了留住人才和促进公司发展，公司不得不采取股权激励的手段。这个过程就是股权激励的交易过程。

所以，对于存在价值的股权，我们要分清什么样的人有必要实施股权激励计划，什么样的人没有必要实施股权激励计划，充分地分析需要实施股权激励计划的职工在公司将来发展上的作用，以及是否可以存在其他的奖励行为予以替代，然后决定将股权激励授予什么样的职工。如果对所有的职工都实施股权激励，一方面，对公司长期发展没有必要的职工将成为了慈善，浪费了股权资源，违背了市场规律；另一方面，对公司发展非常重要的职工就失去了激励作用，因为没有凸显管理者的重要性。所以，股权激励要防止存在或发生搭便车的行为。

4. 股权激励不是望梅止渴

从我们接触的客户中，很多老板在股权激励方面非常慷慨，公司效益也不错。但是，职工并不感兴趣，因为公司设定的股权激励条件非常苛刻。作为管理层的职工来说，根本不可能完成公司设定的条款要求，也就是说，管理层并不认为自己通过努力，可以获得股权激励的收益。于是，在管理层心中，有股权激励和没有股权激励并没有区别。

例如，某公司给销售管理层确定的三年内的业绩目标是 10 个亿，而现在，公司的年销售额只有 100 万元，并且公司成立至今已经有 3 年的时间了。职工认为 3 年内完成 10 个亿的销售额根本不可能，所谓的股权激励不会实现。所以，股权激励不是望梅止渴，设定的股权激励方案一定要让职工感觉可以通过努力实现远期利益。

5. 己所不欲，勿施于人

很多公司的所有者在实施股权激励的时候非常慷慨，其原因在于股权本身并不存在太大的价值,特别是刚成立的公司,本身公司没有资产,或者处于亏损状态。作为公司股东来说,此时根本看不到股权的价值,而是希望公司管理者通过获取股权的方式为他卖命,以较少的人力资源成本获取更大的利润,或者获取免费的人力资源服务。但是,股权激励本身应当是一个交易的过程,既然是交易,双方都应当存在取舍,存在价值的平衡。如果公司的股东都不认为公司的股权存在多大价值,都不相信将来会获得超额的利润,那么,采取股权激励的方式希望达到留人卖命的效果就不会实现。

6. 股权激励不是糊涂账

作为股权激励的职工,他的目的非常明显,就是希望得到远期收益。所以,职工需要知道公司每赚一块钱,职工会分得多少钱;公司每亏损一块钱,职工会亏损多少钱。在我们接触的客户中,有很多客户的股权激励表面上做得都不错,公司的前景也非常好,股权的远期价值也很明了。但是,职工的积极性并不高,经过我们调查才知道,职工虽然知道公司实施了股权激励,自己也参加了股权激励计划,但是,他们并不非常清晰地知道公司盈利或亏损与自己之间的直接关系。后来,我们将公司的股权激励计划进行了理顺,并且对于已经实施股权激励的职工进行了专业的培训,并非常清晰地告诉职工股权激励计划的计算公式。通过培训,职工明白公司每盈利或亏损一元钱,个人的收益或亏损是多少钱。很多职工在公司签完一笔订单以后,都能够准确地计算出通过这份订单自己能够挣到多少钱。所以,大家的干劲非常的足,对浪费现象也都能够及时制止,公司的股权激励起到了预想的效果。

7. 股权激励不是万能药

我们遇到很多客户,他们在公司发展到一定程度后,认为公司必须实施股权激励方案。否则,公司可能就得不到发展,特别是一些公司的老板,在公司业绩出现滑坡的时候,在公司的高层管理人员逐渐跳槽的时候,他们就认为,只要实施了股权激励,给予高层管理人员期股、期权等激励措施,公司业绩就会上去,公司管理层人员就不会流动。每每碰到这样的客户,我们都会耐心地给他们分析,问题是否出在没有股权激励措施上,是否通过股权激励措施就一定能够改变现状。我们告诉这些老板们,股权激励不是万能药,股权激励并不能够起到所有想要的效果。

经过我们的分析,有些公司业绩下滑的原因是因为国际市场的变化,有些是国内政策的变化;有些是竞争对手逐渐庞大;有些是市场开始萎缩;有些是技术更新快,技术含金量下降。对于高级管理层的流动跳槽,有些是因为个人家庭原因,如工作调动;有些是因为个人身体原因,如身体不适合高强度的工作;有些是管理层与老板之间的矛盾实在到了不可调和的地步,如国美的黄光裕与陈晓等。

以上情况并不是实施股权激励措施就一定会改变的,而是客观存在一些困难需要解决。我们建议公司老板慎重决定是否应当实施或者推后实施股权激励措施。虽然,老板们认清形势后不再实施股权激励计划,我们也为此损失掉一些客户。但是,我们获得了老板们的信任,我们从公司的角度出发处理问题,设计股权激励,也获得了他们的认可,我们也认为这是值得的。

股权稀释的过程是企业做大的过程

小微民营企业做大做强有个大的瓶颈，许多有胸襟、有抱负、有见识、有理论并且非常成功的企业家提倡通过股权稀释来突破。蒙牛还打出了“财散人聚，财聚人散”的口号。就目前我国企业的发展现状而言，股权稀释很前卫，给人的感觉似乎这不仅是我国小微民营企业发展战略的新生潮流，而且是小微企业做大做强的必由之路。

由于缺乏可担保的资产和稳定的经营业绩，小微企业难以从外界获取资金，风险投资就成为其主要的融资途径。但许多创业者在寻求风险投资的支持时，担心风险投资的加入会稀释他们的股权，使他们的利益旁落。诚然，风险投资家在向小微企业注资时，往往要求苛刻，在股权分配上尽量提高自己的分配份额。风险投资家有他自己的理由：古往今来，小微企业的成功率都非常低，成三败七已是很好的结局。因此，风险投资对小微企业的支持要承担极高的风险，为弥补高风险，风险投资家必然要求高的风险溢价，即较多的股权份额。

不可否认风险投资对创业企业的成长发挥了巨大的作用。它弥补了小微企业的资金缺口，为创业企业提供了管理咨询等各种增值服务，使创业企业快速成长，并最终实现质的飞跃。可以说，没有风险投资的支持，就没有小微企业主身价百倍的飞跃。因此，股权稀释与价值增值并非不相容的矛盾体，而是企业成长过程中的对立与统一。风险投资的介入会使创业者的股权稀释，但不会降低创业者所持股份的价值，风险投资推动企业增长反而会使创业者所持股份价值成倍增长。因此,在融资过程中,创业者不应只关注股权的稀释,更应关注企业融资后价值增长的倍数。

一、股权稀释

在实践中,企业的成长是一个纷繁复杂的过程,它可能需要经过若干次障碍突破与困难克服,才能实现价值的突破。风险投资介入小微企业也不是一个简单过程,它需要经过项目筛选、调查、评价和决策等环节。在风险投资的介入过程中,对风险企业的价值评估至关重要,它不仅是风险投资家确定投资额度与投资条件的基础,也是风险投资扩大企业价值的反映。

风险投资家基于风险企业的市场前景、增长速度、管理团队等因素对企业价值作出合理评价,评价结果有两种:一是资前价值,一是资后价值。资后价值是企业最近一轮融资后的价值,它等于企业所有发行在外的股份与最近一次融资的每股价格的乘积。企业资后价值在风险投资中经常用到,对风险投资家意义重大,它是风险投资家索取企业股权的依据。风险投资家以其所投资金额占企业资后价值的比重来索取股权,假如企业的资后价值为 100 万美元,风险投资家投入资金 50 万元,则该风险投资家将索取企业 50%的股权份额。

风险投资是对未来的投资,因此,不同于注重历史纪录的传统评价方法。风险投资家主要依据企业的未来潜力(如预期收入、市盈率、内部报酬率、投资期限等)来确定企业的资后价值。资后价值不仅确定了风险投资家的股权份额,也实现了企业融资前的价值确认。融资前的企业价值简称资前价值,是企业最近一轮融资前的价值,在数量上等于资后价值减去新增资本额,也等于资前股份乘以该轮融资的每股价格。资前价值确认了融资前企业所有者的股份价值,是企业资前所有者划分股权的依据。资前所有者的资后股权为其资前股份价值除以企业资后价值,如某投资者的资前股份价值为 30 万美元,企业资后价值为 100 万美元,则该投资者的资后股权为 30%。资前价值与资后价值在时间上相隔很近,它以风险投资的介入为基点。在风险资金投入的一瞬间,企业的价值得以扩大,企业的股权结构也发生相应变化。

企业的价值评估方法和风险投资的方式种类繁多,其随风险投资家的偏好和风险企业的行业、收入等特征而异。为简化企业的成长过程,以清楚地反映创业者的股权被不断稀释但股份价值却不断上升的现象,我们对风险企业的价值增值模型做了几种假设:第一,风险企业由 A、B、C 三人共同创建,平等参股;第二,风险企业外聘一名 CEO,并建立了职工股票期权激励计划;第三,风险企业接受了两轮风险投资,每轮风险投资都以可转换优先股方式参股,且他们所持有的可转换优先股都随企业上市而自动地转换为相同数额的普通股,即可转换优先股的转换比率为 1∶1;第四,在每一次融资后,风险企业的原股东按等比例稀释股权;第五,风险企业最终实现上市公开发行。

二、股权稀释与企业价值增值

在上述假设的基础上,我们可以将企业的价值增长划分为初创、聘请 CEO 并建立管理期权制度、首轮融资、第二轮融资和首次公开发行五个阶段。在每个阶段,我们考察风险企业发行股票总数、股权结构、每股价格和企业的总价值,并分析创业者的股权变化与股份价值变化。

1. 企业创立

企业创立时,创始人 A、B 和 C 各以每股价格 0.001 美元购买企业股票 100 万股,由此构成企业总股份 300 万股,企业总价值 3 000 美元。此时,A、B 和 C 各持有企业股权 33.33%,各拥有股份价值 1 000 美元。

2. 聘用 CEO 并建立职工股票期权激励制度

企业发展到一定阶段时,规范企业管理行为、聘用 CEO、建立职工股票期权计划(Employee Stock Option Plan,简称 ESOP),吸引其他高级管理人才已成为必要。为此,企业以每股 0.01 美元的价格出售给外聘 CEO 100 万份股票,同时保留 100 万份股票建立 ESOP 以吸引其他关键员工。由于企业所有发行在外的股票价格随新发行股票价格一同上涨,这使企业价值由原来的 3 000 美元上升到 30 000 美元,即企业资前价值为 30 000 美元(0.01 美元/股×300 万股)。聘用 CEO 并建立 ESOP 使企业发行在外的股票增长到 500 万股,每股价格为 0.01 美元,企业资后价值为 50 000 美元(0.01 美元/股×500 万股)。创始人 A、B 和 C 企业 CEO 以及 ESOP 各持有企业股票 100 万股,各持股权 20%。

对创始人 A、B 和 C 的股权与股份价值进行分析可知,资前企业价值为 30 000 美元,各创始人的股权为 33.33%,所持股份价值为 10 000 美元。聘用 CEO 和启用 ESOP 使企业股份增加 200 万股,创始人的股权被稀释为原来的 3/5,但企业价值上升到 50 000 美元。因此,A、B 和 C 各创始人的资后股权为 20%,资后所持股份价值为 10 000 美元。聘用 CEO 和启用 ESOP 使创业者的股权稀释,但所持股份价值已是企业创立时的 10 倍。

3. 首次融入风险投资

为完成产品的研发,风险企业需要融入 500 万美元资金,为此,企业寻求风险投资的首次支持。风险投资家在投资之前对企业价值进行评估,认为其投资的 500 万美元可以换取企业 50%的股权,并以每股 1 美元的价格购买了企业 500 万份 1∶1 的可转换优先股票。这样,在风险投资加入后,企业发行在外股票数上升到 1 000 万股,其中,创始人 A、B 和 C、企业 CEO、职工股票期权激励制度各持有 100 万股(均为企业融资前所发行的股份,即企业资前股份 500 万股),各占企业股权的 10%;风险投资家持有 500 万股,占企业股权的 50%。企业股票每股价格为 1 美元,企业资前股份为 500 万股,资前价值 500 万美元;企业资后股份 1 000 万股,资后价值 1 000 万美元。

企业获取的风险投资首轮融资也称为 A 系列融资,不仅给企业带来了必要的资金与管理支持,为企业提高市场声誉、打通未来融资渠道奠定了基础,也使企业获得了与风险投资家讨价还价、确定企业价值的经验。出于信息不对称,风险投资家多采用可转换优先股的投资方式以保护自己的利益。可转换优先股在企业上市公开发行时自动转换为普通股,转换比例可以是 1∶1 股普通股,也可以是一比若干股普通股,具体的转换比例在投资时就已明确规定。在这里,企业首次融入风险投资发行的可转换优先股转换比例被确定为 1∶1,这使风险投资家所持企业股票数不会随企业上市而变化,从而简化了对创始人股权结构变化的分析。

因此,融入首轮风险投资后,企业各创始人的股权被稀释为原来的 1/2,由融资前的 20%下降到融资后的 10%。但由于企业价值因风险投资的介入而上升到 1 000 万美元,各创始人的股份价值达到 10 万美元,是聘用 CEO、建立 ESOP 时的 10 倍,是企业初创时的 100 倍。

4. 融入第二轮风险投资

首轮风险融资使企业的产品开发进展顺利,并取得了喜人的成绩,为进一步完成研发工作,企业需要再融入 1 000 万美元。为此,企业再次寻求到风险投资的支持,融入第二轮风险投资。与首轮风险融资过程相似,风险投资家根据企业的发展前景与风险状况,对企业进行价值评估。由于此时企业的风险与收益前景都较首轮融资时明确,风险投资家投入的 1 000 万美元只能换取企业 1/3 的股权,即以每股 2 美元的价格购买企业 500 万份股票,这使企业的资前价值达到 2 000 万美元。第二轮风险融资也称为 B 系列融资,是典型的优先股融资方式,也采取了 1∶1 股普通股的可转换优先股形式。因此,企业在融入第二轮风险投资后,发行在外股票上升到 1 500 万股,每股价格 2 美元,企业资后价值达 3 000 万美元,比资前价值增长了 50%。

由于第二轮风险投资新增股份占企业总股份的 1/3,企业原有股东的股权将被稀释 1/3,为其原来股权的 2/3。因此,融资后企业的股权分配为:创始人 A、B 和 C、企业 CEO、ESOP 各持股权的 6.66%(原有股权 10%×2/3);A 系列投资者持股 33.33%(原有股权 50%×2/3);B 系列投资者持股 33.33%(所持股份 500 万股/企业总股份 1 500 万股)。企业的股权价值分配为:创始人 A、B 和 C、企业 CEO、ESOP 各持股份价值为 200 万美元(所持股权 6.66%×

企业价值 3 000 万美元)；A 系列投资者股权价值为 1 000 万美元(所持股权 33.33%×企业价值 3 000 万美元)；B 系列投资者股权价值为 1 000 万美元(所持股权 33.33%×企业价值 3 000 万美元)。

对于 A、B 和 C 三位创始人而言，第二轮风险融资使他们各自的股权份额由 10%下降到 6.66%。但由于企业价值的增长，他们所持股份价值已上升到 200 万美元，是首轮融资时价值的 20 倍，是聘用 CEO、建立 ESOP 时的 200 倍，是创业初创时的 2 000 倍。

5. 首次上市公开发行

在进一步的发展过程中，企业需要大量资金来扩大生产规模，拓宽销售渠道与市场。风险投资家为回报其有限合伙者和投资者也需要从企业中退出，以获得流动性。因此，企业决定上市首次公开发行本企业股票(IPO)，并拟定发行价为 10 美元/股，即企业的资前价值为 15 000 万美元(资前股份 1 500 万股×10 美元/股)。由于企业上市公开发行使 A 系列投资者和 B 系列投资者所持优先股自动地以 1∶1 的比例转换为普通股，这使企业在上市公开发行中出售的股票全部变为普通股。在首次公开发行中，企业共售出 500 万份股票，其中的 300 万股为企业融资所新发行的股票，其余 200 万股由前两轮风险投资家分别售出 1 007 股，股票发行价格为 10 美元。

首次公开发行后，企业股份增加到 1 800 万股(资前 1 500 万股＋企业新发行 300 万股)，每股价格 10 美元，企业资后价值为 18 000 万美元。其中，创始人 A、B 和 C 企业 CEO 和 ESOP 各持 100 万份股票，各占企业股权的 5.55%；A 系列投资者和 B 系列投资者各持 400 万份股票(上市前所持股份 500 万股－上市后售出 100 万股)，各占企业股权的 22.22%；公众持有 500 万份股票，占企业股权的 27.78%。首次公开发行使企业股份新增加了 300 万股，使创始人的股权稀释了 1/6，由原来的 6.66%下降到 5.55%(6.66%－6.66%×1/6)。但他们各自持有的股份价值已上升到 1 000 万美元(所持股份 100 万股×股票价格 10 美元)，是上市前的 5 倍，是首轮融资时价值的 100 倍，是聘用 CEO、建立 ESOP 时的 1 000 倍，是创业初创时的 10 000 倍。

由上述企业的成长过程可以清晰地看到，在经历了启用 CEO 与 ESOP、首轮风险融资、第二轮风险融资和 IPO 后，企业各创始人的股权份额已由初创时的 33.33%逐步下降到 IPO 后的 5.55%，但股权价值却由初创时的 1 000 美元逐步上升到 IPO 时的 1 000 万美元，即价值上升了 1 万倍。追究创始人股权价值成百上千倍飞跃的原因，就在于风险投资一次次地解决了企业发展中的难题，使企业价值得到飞速增长，使创始人与风险投资家所能分配的价值份额成倍扩大。对于创始人而言，为获取风险投资所带来的企业增值而放弃一定股权，这是企业成长的必然。因此，创始人在接受风险融资时，应放眼于未来，关注所持股权价值的变化，而不是当前的股权份额变化。

第三章◎小微企业五步连贯股权激励

定股——好的模式是成功的一半

一、股权激励的形式

股权激励是一种通过经营者获得公司股权的形式，给予企业经营者一定的经济权利，使他们能够以股东的身份参与企业决策、分享利润、承担风险，从而勤勉尽责地为公司的长期发展服务的一种激励方法。不论对上市公司、非上市公司、大型企业、中型企业，还是小微型企业，股权激励可采取的工具具体包括如下：

1. 权益结算工具

权益结算中的常用工具包括股票期权、限制性股票、业绩股票、员工持股计划等，这种激励方式的优点是激励对象可以获得真实股权，公司不需要支付大笔现金，有时还能获得现金流入。缺点是公司股本结构需要变动，原股东持股比例可能会被稀释。

2. 现金结算工具

现金结算中的常用工具包括股票增值权、虚拟股票计划、业绩单元、利润分享计划等，其优点是不影响公司的股本结构，原有股东的股权比例不会被稀释。缺点是公司需要以现金形式支付，现金支付压力较大。而且由于激励对象不能获得真正的股票，对员工的激励作用有所影响。

这里重点谈股权激励权益类结算工具的使用，权益类结算工具大致有以

下几种:

(1) 业绩股票。业绩股票是指在年初确定一个较为合理的业绩目标,如果激励对象到年末时达到预定的目标,公司就授予其一定数量的股票或提取一定的奖励基金购买公司股票。业绩股票的流通变现通常有时间和数量限制。

(2) 股票期权。股票期权是指公司授予激励对象的一种权利,激励对象可以在规定的时期内以事先确定的价格购买一定数量的本公司流通股票,也可以放弃这种权利。股票期权的行权也有时间和数量限制,且需激励对象自行为行权支出现金。

(3) 虚拟股票。虚拟股票是指公司授予激励对象一种虚拟的股票,激励对象可以据此享受一定数量的分红权和股价升值收益,但没有所有权,没有表决权,不能转让和出售,在离开企业时自动失效。

(4) 股票增值权。股票增值权是指公司授予激励对象的一种权利,如果公司股价上升,激励对象可以通过行权获得相应数量的股价升值收益,激励对象不用为行权付出现金,行权后获得现金或等值的公司股票。

(5) 限制性股票。限制性股票是指事先授予激励对象一定数量的公司股票,但对股票的来源、抛售等有一些特殊限制。一般只有当激励对象完成特定目标(如扭亏为盈)后,激励对象才可以抛售限制性股票并从中获益。

(6) 经营者/员工持股。这是指让激励对象持有一定数量的本公司的股票,这些股票是公司无偿赠与激励对象的,或者是公司补贴激励对象购买的,或者是激励对象自行出资购买的。激励对象在股票升值时可以受益,在股票贬值时受到损失。

(7) 账面价值增值权。这具体分为购买型和虚拟型两种。购买型是指激励对象在期初按每股净资产值实际购买一定数量的公司股份,在期末再按每股净资产期末值回售给公司。虚拟型是指激励对象在期初不需支出资金,公司授予激励对象一定数量的名义股份,在期末根据公司每股净资产的增量和名义股份的数量来计算激励对象的收益,并据此向激励对象支付现金。

除了上面几种形式外，还有一些具有我国特色的激励工具，包括身股、银股、期股和干股。

（一）身股

身股又称顶身股，这个概念起源于晋商，是晋商在股份制中一个独特的创造。给不出资的优秀员工一定的身股，让其参与经营、管理和分红。身股实际上并不出资金，而是凭自己的劳动获取的。因此，有的地方也称其为劳力股，身股纯粹是收益股份。身股的形式现在也常被应用于企业员工的激励中，又称为分红股。

历史上，晋商票号中伙计获得身股是很艰难的。一个小伙计入号，先得当三年学徒，做一些侍候掌柜之类的粗活，闲暇时学习打算盘、练毛笔字，字号光管饭，不给工钱。满徒后，按月发给薪资，但还顶不上生意。起码等三个账期以后(大约需要十年)，工作勤勤恳恳，没有出现重大过失，经掌柜向东家推荐，在各股东认可下才可以开始顶股。

如果获得了身股，伙计的身股从一二厘顶起，慢慢逐步增加。每次增加的身股，记入“万金账”，予以确认。能顶到七八厘，就可能被提拔为三掌柜、二掌柜，就有了大出息。因此，在祁太平一带有谚语流行说：“坐官的入了阁，不如在茶票庄当了客。”可见当时身股有多大的诱惑力！

身股以一俸相当于银股的一股，一般大掌柜顶一俸，二掌柜以下到资深职员，根据工作年限和表现分别顶九厘以下的不同等次。以大德通票号为例，1889 年，银股有 20 股，身股有 9.7 股，分别由 23 名从业人员持有；到了 1908 年，银股没有任何增减，依旧为 20 股，而身股却上升到 23.95 股，持股人员达到 57 名。协成乾票号是从志成信的掌柜阶层中分裂出来的，股东于 1860 年创立，初创时，银股是 13.5 股，身股只有 3.9 股。可到了 1906 年，银股未动，身股增加到 17.5 股，身股是银股的 132.7%。

身股是逢账期(一般 3 到 5 年为一个账期)结算的，发放红利。但是需要提取花红(损失赔偿准备金)。山西票号总号会在每年决算后,依据纯利润的多少分给各分号经理一定金额的损失赔偿准备基金,称为花红。此项花红要积存在号中,并支付一定的利息,等到分号经理出号时才付还。这样不仅可以增强其风险意识,而且一旦出现事故,分号经理也有一定的资金基础可用以填补损失赔偿之需。

身股不是“一劳永逸”的,如果顶上身股后,发生了重大过失,还可酌情扣除身股,直至开除出号！不过,只要伙计辛辛苦苦一辈子,去世后,其家属还可以继续领取三个账期的红利,叫做故身股。这一规定充分体现了企业对员工的人文关怀,充满了人情味,所以,晋商字号的员工都十分珍惜身股的机会,都会尽心竭力地工作,报答企业的知遇之恩。

如果按照现在的说法,身股是投资人(股东)将自身应得的分红无偿地赠与特定人的法律处分行为。我国《公司法》第 35 条规定,公司(股东)可以不按出资比例进行分红,且分红权可以随意约定。这就从法律上保证了身股制度的合法性。由于身股权益通过赠与获得,因此,赠与者可附加限制条件,如工作期限、工作岗位和与公司的依存关系等。

其特征为: ① 身股分红须经股东会通过; ② 身股对象不承担股东的财产责任; ③ 身股对象无表决权; ④ 身股对象无需支付股权对价。

(二) 银股

银股和身股的概念一样,也来自晋商模式,“出资者为银股,出力者为身股”。身股和银股属于民间概念,不是法律概念。银股基本上是出资才能享有的,晋商中的银股等同于现在的工商注册意义上的股份。它是指投资人根据其出资(货币、实物、无形资产)而享有的股东权益。我国《公司法》第 4 条规定,公司股东依法享有资产权益,参与重大决策和选择管理者等权利。其法律特征为: ① 分红权和公司剩余财产分配权; ② 重大决策权; ③ 以出资额为限承担财产责任。

银股现在也经常被用于对员工的激励,是一种限定形式的股份,通过协议的形式来确定对企业的所有权。因为通常是以低于实际价值的价格购买,所以只有少数被激励对象有条件购买,并且附加了退出机制。

(三) 期权

期权是一种选择权利,这种权利是指投资者可以在一定时期内的任何时候,以事先确定好的价格(称协定价格),向期权的卖方买入或卖出一定数量的某种"商品",不论在此期间该"商品"的价格如何变化。期权合约对期限、协定价格、交易数量、种类等作出约定。在有效期内,买主可以自由地选择行使转卖权利;如认为不利,则可以放弃这一权利;超过规定期限,合同则失效,买主的期权也自动失效。

股票期权激励是股权激励的一种典型模式,指授予公司被激励对象的一种权利,允许其在未来的某个确定的时间内以确定的价格购买公司股份的权利。这种被授予的股份可以是身股、可以是银股,也可以是工商注册意义上的股份。也可以为某个事先确定的价格。被激励的对象可以选择购买,也可以放弃,非上市公司也可以采用期权激励。

股票期权激励的授予对象主要是公司的高级管理人员。这些员工在公司中的作用是举足轻重的,他们掌握着公司的日常决策和经营,是激励的重点。另外,技术骨干也可以是激励的主要对象。企业通过授予高管一定数量的股票期权,高管可以在未来的某个确定的时期内以事先约定的价格购买公司股票。显然,当公司股票价格高于授予期权所指定的价格时,高管行使期权购买股票,可以通过在指定价格购买,以市场价格卖出,从而获利。因此,高管都会有动力提高公司的内在价值,从而提高公司股价,并可以从中获得收益。

(四) 干股

干股一般指没有实际出资而取得的股权,是股份无偿赠与的结果。干股并非是一个严格的法律概念,由于没有一个明确的概念,存在着对干股的大量误读。有的文章认为干股不被法律认可,在法律上是不成立的;有的认为干股就是红利股,不参加经营,但是取得红利。因此,有必要进一步澄清概念,理清法律关系,以便于发挥法律的教育、引导、裁判作用。干股是指在公司的创设过程中或者存续过程中,公司的设立人或者股东依照协议无偿赠与非股东的第三人股份。该种股份就是干股,持有这种股份的人叫做干股股东。

干股具有以下特征: ① 干股是股份的一种; ② 干股是协议取得,而非出资取得; ③ 干股具有赠与的性质; ④ 干股的地位要受到无偿赠与协议的制约。

干股的取得和存在往往以一个有效的赠股协议为前提。赠股协议的效力属于股东之间的协议,和设立协议一样对股东具有约束作用,赠股协议的内容也可以在章程上体现。由于股东并没有实际出资,因此,股东资格的确认完全以赠股协议为准。如果赠股协议具有可撤销、无效、解除等情况,干股股东自然就失去了股东资格。干股股东的权利义务(如股利请求权、表决权)由协议确定,但股东的义务(尤其是对外义务)与一般股东相同,理由是股东的登记具有对外公示性。

干股在本质上是一种股份赠与,必须符合股份转让的要件,也就是说需要股东全体一致,没有人行使优先权才能成立。否则,由于有限责任公司的闭锁性和人合性所带来的对股东进入公司的限制,和其他股东的优先权问题,干股就无法成立。因此,股份赠与必须经股东会全体一致通过。干股自签订协议之日起,附条件的在条件成就之日起生效,如果不予在章程上变更,不得对抗善意第三人。

二、激励股份的来源

针对上市公司的股权激励,中国证监会、国务院国资委等有关部门已出台了多部文件予以规范。但关于小微公司的股权激励,我国目前并无专门法律规定。仅在《公司法》第 143 条规定: 经股东大会决议,股份有限公司可以收购本公司股份用于奖励给本公司职工,但不得超过本公司已发行股份总额的百分之五,并且用于收购的资金应当从公司的税后利润中支出,所收购的股份也应当在一年内转让给职工。

由于《公司法》强制要求用于奖励公司职工的股份应当在一年内转让给职工,所以,对定位于对企业高管进行中长期激励的股权激励意义不大。

中国证监会目前对未上市公司上市前股权激励的基本态度是：基于对公司股权稳定性的考虑(尤其是要求发行人应当股权清晰,控股股东和受控股股东、实际控制人支配的股东持有的发行人股份不存在重大权属纠纷),要求上市前确定的股权激励计划必须执行完毕才能上市,或者终止该计划后再上市。

对于小微企业来说,股权激励的股份可以来源于三方面：

(1) 控股股东(老股东)出让公司股份。如果以实际股份对公司员工实施激励,一般由老股东,通常是控股股东或大股东向股权激励对象出让股份。根据支付对价的不同可以分为两种情形：其一为股份赠与,老股东向股权激励对象无偿转让一部分公司股份;其二为股份出让,出让的价格一般以企业注册资本或企业净资产的账面价值确定。

(2) 采取增资的方式。公司授予股权激励对象以相对优惠的价格参与公司增资的权利。需要注意的是,在股权转让或增资过程中,要处理好老股东的优先认购权问题。公司可以在股东会对股权激励方案进行表决时约定其他股东对与股权激励有关的股权转让与增资事项放弃优先购买权。

(3) 公司回购股份。公司将回购的股份无偿或低价转让给股权激励对象。

三、购股资金的来源

在现金结算的情况下,公司需要根据现金流量情况合理安排股权激励的范围、标准,避免给公司的正常经营造成资金压力。在权益结算的情况下,除公司或老股东无偿转让股份外,股权激励对象也需要支付一定的资金来受让该部分股权。

根据资金来源方式的不同,可以分为以下两种：

(1) 自有资金。在实施股权激励计划时,激励对象以自有资金购入对应的股份。由于员工的支付能力通常都不会很高,因此,需要采取一些变通方法。例如,在股权转让中采取分期付款的方式,在增资中则可以分期缴纳出资或者由大股东提供担保。

(2) 提取激励基金。为了支持股权激励制度的实施,公司可以建立相应的基金专门用于股权激励计划。公司从税后利润中提取法定公积金后,经股东会或者股东大会决议,还可以从税后利润中提取任意公积金用于股权激励。公积金既可以用于现金结算方式的股权激励,也可以用于权益结算方式的股权激励。

四、持有形式

对于激励员工的股份,可以采取员工直接持股和员工间接持股两种方式。员工间接持股又存在两种类型:① 设立合伙企业形式。我国新《合伙企业法》规定,有限合伙企业是由普通合伙人和有限合伙人组成,普通合伙人对合伙企业债务承担无限连带责任,有限合伙人以其认缴的出资额为限对合伙企业债务承担责任。有限合伙企业由二个以上五十个以下合伙人设立,但是,法律另有规定的除外。有限合伙企业至少应当有一个普通合伙人。② 公司法人形式。由于设立公司的程序较为复杂,需要时间,而且面临双重征税的问题,在实务中,已不再作为实施股权激励的主要载体。

直接持股与间接持股两种模式利弊互见,对于这两种方式的比较如下:

(1) 从税收角度看:直接持股模式下,无论是自然人股东的分红收入,还是股权转让收入,只需交纳一次个人所得税,税负较低。间接持股模式下,上市公司的分红先分给持股公司,持股公司对此要缴纳企业所得税。持股公司分给高管,高管再缴纳一次个人所得税。股权转让也存在双重征税问题,税负较重。

(2) 从套利的便利性考虑:在直接持股模式下,员工作为上市公司的股东,套现比较自主,只需遵守禁售期的有关规定即可。间接持股模式下,员工要想套现,必须通过持股公司进行。持股公司套现后,要想把套现净所得分给该员工,必须通过股权回购、注销股本的方式来进行,操作起来比较麻烦。

(3) 从股权稳定性角度看: 假设一家企业刚创立不久就实施股权激励,如果是员工直接持股,则股东数量众多。开起股东会比较麻烦,需要股东签字的时候,要想凑齐这些签字很困难。中间一旦有员工离职或发生意外而死亡,还要进行股权转让,企业的股权结构一直处于不稳定的状态。如果成立一家持股公司,由员工通过持股公司来持有拟上市公司的股权,不仅股东人数较少,开会、签字比较便利,而且一旦出现员工离职或意外死亡,只需变动持股公司的股权结构,拟上市公司的股权结构是不变的。这有利于拟上市公司的发行上市。如果非要实施直接持股型股权激励,建议最好在发行上市前夕直接持股。

(4) 从激励的范围来看: 由于有限责任公司的股东人数最多为 50 人,股份公司的发起人不得超过 200 人,否则,就会影响上市。因此,直接持股可以激励的人数不能太多,间接持股激励人数可以多一些。

为了清楚地反应两种方式的差别(见表 3-1)。

表 3-1　直接持股在不同类型企业的优缺点

比较	员工直接持股	合伙企业	公司法人
优点	操作简单; 审核风险低,应为董事会目前最易接受的方式; 员工处置自己所持股权的方式灵活。	设立程序简便,无注册资本要求,无需验资;普通合伙人可以劳务出资; 借助于合伙协议的巧妙设计,可以比较方便地融合对员工的激励和约束机制; 入伙机制较为简便,方便后续核心人员的加入; 员工退出机制简便,无论是转让合伙份额还是退伙; 税负较低;合伙人为自然人的,只需缴纳个人所得税;合伙人为法人的,缴纳企业所得税;合伙企业本身没有税负; 后续运营简便,一般由合伙事务执行人执行合伙事务。	股权变动及潜在纠纷均在持股公司层面发生,有利于保持发行人的股权稳定; 股东的有限责任。

续 表

比较	员工直接持股	合伙企业	公司法人
缺点	对员工缺乏制约机制,难以防止其在企业上市后套现走人; 如果拟激励人员较多,会受到股东人数的限制; 潜在的股权结构不稳定因素。	有限合伙的人数限制; 普通合伙人的无限责任。	设立程序较为复杂,需要时间; 对员工施加的限制性约束不得与公司法的强制性规定相抵触; 将来套现时退出机制复杂,手续繁琐,需要一系列的程序; 面临双重征税的风险。

五、股权激励组合拳

▶ 案例1:票号身股

清朝道光年间,当徽商走向没落时,晋商以票号业迈向自己事业的顶峰。从1823年(道光三年)第一家票号日升昌诞生到辛亥革命后票号衰落的近百年间,票号经手汇兑的银两达十几亿两。其间没有发生过一次内部人卷款逃跑、贪污或被诈骗的事件。这种奇迹的发生当然有赖于内部严格的管理,但这种管理之所以有效,还在于有效的激励机制。这种激励机制就是以身股制为形式的分享制。分享制是指全体员工分享企业红利。

晋商票号中员工的待遇是相当好的。这种待遇包括两部分。一是实行供给制,所有员工吃住都在票号内,本地员工节假日可回家,驻外员工按远近不同有不同的假期。在票号期间,吃、住、用、穿以及驻外员工的回家旅费都由票号负担。而且吃、穿等供给的标准在当时来看相当高。二是收入,又分为两项。一是每年养家用的工资(票号中称为辛金),出徒以后就可享有,通常从每年10两银子开始,最高可以达到100两。主体是在70两左右(占员工的7成左右)。此外就是分红,这种分红就是票号中独具特色的身股制。

晋商票号实行股份制,东家所出的资本称为银股或财股,一家票号由若干个东家组成。拥有银股者作为东家是票号的所有者,他们决定大掌柜(相当于今天的总经理或总裁)的任用,承担经营的全部风险,并参与分红。经营者所拥有的是身股(又称劳股或人力股),这种股不用出钱,由东家根据员工的工龄、职务、贡献、工作态度等给予。通常一股分为10厘,当员工工作一定年限,辛金达到70两银子时,就可以开始享有身股,最低从1厘开始(也有个别票号从零点几厘开始),最高可达到10厘(个别也有高于10厘的)。

身股并不是普通意义上的股份,仅仅是一种分红权。换言之,身股与银股都参与分红,但人在身股在,如果人离开票号,身股自动取消(票号给予死去员工的两个账期分红权是另一种情况)。各个票号身股参与分红的方式不同。有的票号是一股银股与一股身股同权参与分红,有的票号是首先按比例分开银股与身股,然后再分红。例如,如果银股与身股按6∶4分成,则盈利100万两银子时,银股得60万两,身股得40万两。如果身股共计100厘,即每厘可分银子400两。票号通常一个账期(4年,也有3年者)分一次红,并由东家在分红时根据员工职务变动和业绩决定身股的调整。正常情况下,多数人身股增加,个别犯错误或业绩差的也有降低身股者。而且身股分盈不分亏,即只有权利,没有风险。这种身股制类似现在有的企业员工不出资只分红,按职务与业绩决定的干股。

按身股制,票号的员工能分到多少钱呢?据资料记载,在每个账期(4年)内,每厘身股高者可达到1 700两银子,低者也有200—300两银子,正常情况在1 000两银子左右。这样,大掌柜有10厘身股,每4年可分1万两银子,各地分号掌柜及中层管理人员身股在5—6厘,也可分5 000—6 000两银子。这种收入水平在当时处于什么地位呢?当时,一个县官(七品)包括养廉银在内的全部收入为每年1 050两银子,4年才4 200两,而票号分号掌柜的收入仅仅分红一项就超过了县官,还不包括每年的免费供给与辛金。

这种有效的激励机制是创造票号辉煌业绩的动力所在。

1. 票号吸引了山西最优秀的人才

当时,山西人择业的顺序是进票号、进衙门为吏、读书考科举。在清代,山西没有出过一个状元,连进士也远远低于其他省份。这并不是因为山西没人才,而是人才都进了票号,不走科举入仕之路。你想想,十年寒窗苦的辛酸与科举和入仕的不确定,比进票号当个中层管理人员的难度大得多,当官能有什么吸引力呢?票号选人极为严格,能选出最优秀者还在于身股制的吸引力。当时,山西人不以有什么功名表示社会身份和地位,而以在票号有多少身股表示社会身份和地位。晋商造就了一种"万般皆下品,唯有从商高"的社会气氛,靠的正是这种身股制。

2. 严格的管理得以实施

票号有一套严格的管理制度,对员工有极其严格的要求。例如,不准纳妾、不准嫖娼、不准吃花酒、不准假公济私等规范员工行为的十不准。这对减少内部人的机会主义行为起了有效的作用。票号中没有发生过内部人犯罪与这些严格的管理制度相关。但员工能接受并认真执行这些制度则是激励机制在起作用。进票号,找这样一份待遇高又体面的工作不容易,谁会违规去砸自己的饭碗呢?激励与约束是相辅相成的,没有有效的激励,约束就很难起作用。

3. 这种身股制还激励员工创造了票号的奇迹

票号的传统是"博学、有耻、腿长",博学是精于业务;有耻是讲信誉,讲职业道德;腿长是勤奋,走遍国内外。晋商票号正是靠这种传统成功的。晋商票号中还浮现了一批勤奋、敬业、有开拓精神的职业经理人,他们为票号奉献自己的一切。甚至在太平天国、八国联军动乱时,总号让他们尽快撤回,许多人仍坚守岗位,减少了票号的损失。我们今天在为票号的业绩感叹时,千万别忘了创造这种业绩背后的身股制。

身股制是分享制的一种形式。分享制就是全员参与分红,身股是分红的标准,这种激励机制针对的是所有员工。其作用在于把所有员工的个人利益与企业的整体利益联系在一起,让员工树立一种"企业兴、员工富;企业衰、员工穷”的观念,从而为企业的整体兴旺奋斗。这种分享制不同于平均主义,每个人分红的多少取决于对企业的贡献。这种贡献的标准是在企业中的职务。职务不同,承担的工作不同,责任不同,贡献也不同,体现出按业绩分配的激励原则。第二次世界大战后,日本企业普遍采用了这种分享制。这是日本企业成为世界上效率最高的企业的重要原因之一,也对日本经济振兴作出了贡献。晋商的发明在日本又显示出其生命力。

案例 2: 宝洁公司的员工持股计划

宝洁公司是世界知名的跨国日化企业,仅仅在中国,宝洁公司员工的数量就超过了 7 000 人。如何使这 7 000 人能够融入宝洁的文化中,让他们员工心甘情愿地为宝洁公司作贡献,这成为宝洁公司管理人员面临的迫切需要解决的难题。

得益于宝洁公司的文化,这一问题很快就被解决了,其实,宝洁公司有员工持股的悠久历史。19 世纪末,宝洁公司就开始实施“利润分享计划”。1980 年,这个计划持有大约 14%的公司股票。历史数据显示,在 1986 年 12 月投入 1 美元购买宝洁的股票,到 2006 年 12 月,这 1 美元增长到约 20 美元。迄今为止,已经有 63 个国家、超过四成宝洁员工购买和持有总公司的海外股票。

这一具有悠久历史的“福利”也降临到宝洁公司中国员工的身上,从 2008 年 4 月开始,宝洁在华正式员工可以选择基本工资的 1%—5%用于投资购买公司股票。宝洁员工认购股票和每个月员工工资发放时间衔接在一起,该部分资金将在每月的工资中自动扣除。具体操作如下:员工在发放工资截止日之前决定认购的比例,填上申请表格,并在宝洁内部网上确定认购比例。接下来由公司对工资进行扣款,然后由人力资源部将每个员工认购的金额汇总,由宝洁中国总部汇给美国宝洁总部,美国总部会通过指定的托管人进行购买。举例来说,如果某员工月基本工资为 10 000 元,选择 5%用于投资,加上公司配送的 2.5%和赠送的 0.5%,这名员工每月有 800 元可用于购买股票。

宝洁公司员工持股计划的一个很大的原则是员工和公司利益密不可分。

公司希望与员工分享到公司的成功，而员工持股计划就是个很好的途径，让员工参与其中，并分享其中的成果。这项计划不仅惠及了公司所有的员工，而且把员工利益与公司利益牢牢地绑定在一起，员工与公司真正实现了共赢。宝洁公司的员工持股计划值得国内企业家借鉴。

案例 3：百度的员工期权计划

2005 年 8 月 5 日，一家叫百度的中国公司在美国纳斯达克上市，发行当日股价涨幅高达 354%，成为美国股市 5 年来新上市公司首日涨幅最大的股票之一。

按照上市首日收盘价计算，百度市值已经达到 39.58 亿美元。百度 CEO 李彦宏拥有 22.4%的股份，身价已达到 9.2 亿美元。百度的上市不仅使李彦宏一个人身价倍增，百度内部还一下子产生了 6 个亿万富翁、51 个千万富翁和 240 多个百万富翁。甚至当时业界还流传着“百度连前台小姐都是百万富翁”的说法。

有人曾说，判断一个人未来的生活质量，仅根据他是否服务于股份制上市公司便能得出结论。这话虽然有些武断，但背后的潜台词正是指员工手中期权的力量。因此，期权对员工的激励作用是不可忽视的。百度的成功从某种程度上说与其对员工的期权激励是分不开的。

2000 年 1 月 1 日，百度公司创立。从创立之初，李彦宏就非常重视吸引人才和增强公司凝聚力。从美国归来的李彦宏对此采取的策略是引进在美国硅谷高科技公司盛行的期权激励计划。早期的创业员工在为百度任职一段时间后，都自然成为百度的“股东”，百度也为此制定了完善的期权分配方案。百度员工的薪水并不高，但只要持续工作，都会有丰厚的期权回报。这一期权机制被评为当时中国互联网公司中最优厚的激励计划之一。2004 年 4 月，百度内部进行拆股，以一拆二，所有员工的期权增加了一倍。百度在上市前夕规定，凡是在 2005 年 1 月份以前加入百度公司的员工，都以每股 10 美分的价格拥有一定数量的原始股，这也就是百度一下子产生数量众多的富翁的主要原因。

通过期权激励，百度形成了一个核心团队。上市后的百度，其董事和执行官共同持股 29.5%，CEO 李彦宏持有 25.8%，技术副总裁刘建国持有 1.1%，首席财务官王湛生持有 1.1%，首席运营官朱洪波持有 1%，副总裁梁冬持有 0.4%。同时，公司的其他员工持有 5.5%的股份。这样，管理层和员工持股能够形成公司内部平等和稳定的氛围，从而促使百度管理团队和员工努力工作，为将来期权行权时将“纸上富贵”变成真金白银。

对于期权，国内有一个形象的说法，认为期权是一个“金手铐”。但是大家更多关注在“金”上面，却忽略了期权的本质——员工与企业要风险共担。期权体现价值的关键在于企业需要用长期激励的手段来保证员工能够跟企业同舟共济。

案例 4：万科的股权激励计划

2005 年的股改启动了中国有史以来涨幅最大的牛市，作为股改配套措施的股权激励被赋予完善公司治理并进一步刺激业绩增长的功能。在此背景下，一些优秀企业脱颖而出，深圳万科就是其中的佼佼者。

从 2005 年开始，万科的股价和业绩迎来了爆发性的增长。万科那几年史无前例的高速增长，与当时正在实施的股权激励有着紧密的联系。2007 年是万科业绩增长的阶段性顶峰，也是万科首期(2006—2008 年)股权激励业绩考核的最后一年。

2005 年 12 月，万科启动股改，并随后开始设计股权激励方案。万科的股权激励被评价为最能兼顾公平与推动企业业绩的方案之一，其股权激励业绩考核的基准年是 2005—2007 年。万科 2006—2008 年股权激励计划由三个独立年度计划构成，万科采取预提的方式提取激励基金，公司以 T－1 年度净利润增加额为基数提取激励基金。例如，2006 年度激励基金提取以 2005 年度净利润为基数，当年净利润增长超过 15%不超过 30%时，以净利润增加额为提取基数，净利润增长率为提取百分比；当净利润增长率超过 30%时，以 30%为提取百分比，年度计提的激励基金不超过当年净利润的 10%。实施股权激励的前提条件是：年净利润增长率超过 15%，全面摊薄的年净资产收益率超过 12%。所以，根据万科的股权激励方案，管理层在股权激励中利益最大化的逻辑是：在保证净利润、净资产收益率达标的情况下，净利润增长超过30%是最佳方案，超过的越多，激励基金计提基数越大。

根据万科已公布的业绩，2005年、2006年万科的净利润增长率、净资产收益率全面达到股权激励设定的标准。2005年的主营收入、净利润分别比上一年增加37.7%、53.8%。同样的数据在2006年的增加值为69%、59.6%，而2007年为98.3%和110.8%。2005年、2006年、2007年万科分别计提股权激励基金1.41亿、3.15亿和4.3亿。万科高速增长已远远超过了前20年的平均增长水平，在万科确立其专业住宅发展之路的1991—2004年，万科营业收入的复合增长率达25%，净利润复合增长率达31%。

显然，万科的股权激励计划激发了万科高增长的潜力，并成为中国房地产行业的龙头企业。

案例5：华为的员工持股计划

华为如今已经成为中国民营企业的一面旗帜，其在通信设备行业的地位已令那些曾经不把它放在眼里的跨国公司战栗。华为成立至今也不过二十年，与当时同类的其他公司类似，华为在成立之初仅是代理香港的电话交换机。然而，与众多代理公司不同的是，它没有满足于代理差价，而是将赚得的钱投入奠定华为行业地位的关键设备的开发。

华为成功了，但其成功之路充满艰辛，蕴含着巨大的风险。一个没有任何背景的民营企业，仅靠自己前几年的积累要承担巨大的开发投入，还要为吸引和留住开发人才而支付高薪。在很多人看来，几乎是不可能的，但华为成功了。华为的成功不是偶然的，是众多因素综合作用的结果，早期实施的员工持股计划被公认为是华为的成功因素之一。

华为技术有限公司员工持股激励分为三个阶段：

1. 第一阶段(1990—1996年)：以解决资金困难为主要目的，实行内部集资

1990年，华为开始尝试员工持股制度。由贸易公司转型为自主研发企业

的华为为解决研发投入大、资金紧张、融资困难问题，开始实行员工持股制。在当时的股权管理过程中，华为将这种方式明确为员工集资行为。参股的价格为每股 10 元，以税后利润的 15%作为股份分红，向技术、管理骨干配股。这种方式为企业赢得了宝贵的发展资金。

2. 第二阶段(1997—2001 年)：以激励为主要目的

1997 年，深圳市颁布了《深圳市国有企业内部员工持股试点暂行规定》，华为参照这个规定进行员工持股制度改制，完成第一次增资。华为当时在册的 2 432 名员工的股份全部转到华为公司工会的名下，占总股份的 61.8%。此时，随着公司效益的提升和从资金困境中逐步解脱出来，员工持股制度在担负内部融资任务的同时，也演变成一种重要的激励制度，与工资、年终奖金、安全退休金等一起共同构成华为的薪酬体系。这次改革后，华为员工股的股价改为 1 元/股。

这段时期，华为已进入高速增长时期，为提高对人才的吸引力，华为在提高薪酬的同时也加大了员工配股力度。随着每年销售额的增长，员工股的回报率常常能达到 70%以上。华为员工还可以通过向公司设立的内部员工银行贷款来购买股票，以解决新员工没有足够的购股资金问题。这段时期，华为的高薪及员工持股激励政策形成了强大的人才磁场，使华为聚集了大批行业优秀青年人才。

3. 第三阶段(2001 年至今)：以员工持股激励规范化为目标

2001 年，华为聘请国际著名咨询公司对其股权制度进行调整变革，将内部员工更名为虚拟受限股。改制后，员工不再配发一元一股的原始股票，而是以公司年末净资产折算价值的期权。老员工的股票按 2001 年年末公司净资产折算，每股价格增值到 2.64 元/股。员工离开公司时，必须按上年股价将股权转让给公司。此外，随着公司规模的增大，华为在新期权的配发上放慢了脚步，股权倾斜向少数核心员工及优秀员工。对大多数普通员工的中长期激励，采取以原有股票的分红权为主，减少新增配股的方式。这种转变标志着华为随着企业规模的增大和员工人数的增多，已经从普通激励转变为重点激励。

华为员工持股计划经历了由产生到逐步规范化的演进过程。华为员工持股计划取得成功的原因可以分为如下三点：

(1) 是任正非的诚信。这一激励手段确实能够起到激励和保留员工的作用，但同时也有着很高的不确定性，他通过对离职员工信守承诺，赢得员工的信任。

(2) 持续的高分红、高配股。为减少支付现金红利造成的财务压力，华为在每年高额分红的同时向员工高额配股。这样做的好处有两个：一是坚定员工持有和购买股票的信心；二是避免因分红给公司带来现金压力。

(3) 华为独特的企业文化。虽然绝大多数员工都选择用分得的红利购买配股，但仍有少部分员工选择领取现金红利。对于这部分员工，华为绝不拖欠，但到了第二年，这部分员工看到其他员工能分得可观的红利，他们会后悔当初的选择。并且，华为的企业文化绝对是奖励认同公司价值观的员工，对那些对公司抱有怀疑态度的不坚定分子不会重用，这样的文化氛围进一步支持了华为的员工持股计划。

案例 6：微软公司不同时期的不同股权激励方式

微软是 20 世纪最伟大的 IT 公司，没有人会对这个结论怀疑。虽然到了 21 世纪，众多 IT 公司的前进步伐略显沉重，但是微软的 windows 系统仍旧占据着 PC 端绝对的霸主地位，而且收购诺基亚的战略又使微软重振雄风，挽回移动互联网失利局面的关键布局。

微软公司创建于 1975 年，目前是世界上最大的电脑软件提供商。微软公司很早就进行了股权激励，微软的股权激励按标的物来划分，分为两个阶段，前期阶段以股票期权为主，后期主要以限制性股票为主。

微软是世界上最大的股票期权使用者之一。股权激励的对象为董事、管理人员和雇员，几乎覆盖全员。2000 年，微软公司 80％的员工拥有认股权，微软给员工的认股权不纯粹属于福利性质，而带有一定的竞争性。认股权的获得以员工对公司的贡献作为基础。

(1) 股票期权的行权安排。1995 年之前授予的股票期权一般是从授予日开始的 4 年半之后开始行权,且在 10 年内终止;1995 年和 2001 年之间授予的股票期权一般从授予日开始的 4 年半之后开始行权,并且在 7 年内终止,其中有些股票期权在 4 年半之后或者 7 年半之后开始行权,10 年后终止;在 2002 年授予的股票期权是在从授予日开始的 4 年半之后开始行权,且在 10 年内终止(截至 2002 年 6 月底,3.71 亿股的期权已被行权,该计划下还留有 5.43 亿股可以在未来被授予)。

(2) 股票期权的行权价格。以现价为基础,给予员工一定折扣,例如,普通员工可享受 15%的优惠。公司高级专业人员可享受更大幅度的优惠,任职一年的正式雇员另有一定的股票购买特惠安排。

(3) 资金来源。微软公司的高级管理人员可以通过贷款来购买本公司股票。

微软通过这种股权激励计划,在全球 IT 行业持续向上的时候,吸引和保留了大量 IT 行业内的顶尖人才。公司的核心竞争力得到了极大的提高,使公司持续多年保持全行业领先地位。公司股票市值从 1986 年上市时的 7.98 亿美元飙升到 1999 年的 5 064 亿美元。

从 2003 年开始,微软公司的激励标的物转而采用向其 5 万名员工发放限制性股票的方式。微软之所以这么调整,是因为随着高科技行业的衰落,吸引和留住人才的压力和成本都在下降。若继续使用股票期权激励,由于其高昂费用,有可能造成公司的成本劣势,竞争力下降。因此,随着行业景气度的变化,微软及时调整了激励标的物。

案例 7: 光明乳业的限制性股票激励计划

光明乳业股份有限公司是由国资、外资、民营资本组成的产权多元化的股份制上市公司,主要从事乳制品的开发、生产和销售、奶牛和公牛的饲养、培育、物流配送、营养保健食品的开发、生产和销售。光明乳业现已发展成为全国最大规模的乳制品生产、销售企业之一,在乳制品行业中的排名仅次于蒙牛和伊利，位列第三。

在企业的发展道路上，光明乳业也出现过阵痛期。公司 2002 年上市后，大规模的并购活动并没有带来主营业务收入和净利润的相应增长，相反，主营业务收入和净利润增速呈现递减趋势。出现这个倒退现象的原因在于公司治理机制的不完善，尤其是对公司管理层缺乏长期有效的激励机制，管理层对提升公司业绩的热情度不高，这导致了光明乳业长期业绩增长低的局面。

光明乳业股东痛定思痛，改变的时刻到了。2010 年 1 月，光明乳业推出了 A 股限制性股票激励计划。2010 年 9 月，光明乳业 2010 年度第二次临时股东大会审议通过了 A 股限制性股票激励计划。根据该项计划，包括公司高级管理人员、公司中层管理人员及子公司高管、经公司董事会认定对公司经营业绩和未来发展有直接影响的核心营销、技术和管理骨干等共计 105 人在内，以每股 4.7 元的价格，合计授予 7 300 800 股限制性股票，占实施股权激励前光明乳业总股本的 0.70%。

光明乳业选取的业绩考核指标包括营业总收入、净利润、净资产收益率和扣除非经常性损益的净利润占比，且要求业绩考核指标均不得低于同期行业平均水平。与此同时，光明乳业为限制性股票设定了三个解锁期，每个解锁期公司管理层必须完成当期任务，股票才能解锁，例如，第三个解锁期的任务是：2013 年公司营业总收入不低于 158.42 亿，净利润不低于 3.17 亿，净资产收益率不低于 8%，扣除非经常性损益的净利润占净利润的比重不低于 85%。

2013 年光明乳业中期报表显示，公司上半年营业收入为 74.43 亿元。由此可见，光明乳业公司管理层只要通过努力还是可以实现全年 158.42 亿元营业收入的目标的。通过上述的限制性股票激励计划，光明乳业顺利解决了公司长效激励机制不足的问题，为光明乳业接下去的快速发展奠定了坚实的基础。

定人——确定激励的对象

确定股权激励对象需要一些原则，首先需要将历史贡献者与未来创造者区分开来。对于历史贡献者，授予股权是对其历史贡献的承认，有助于创业元老甘为人梯，扶持新人成长；对于未来创造者，授予股权是要调动其积极性和潜力，为公司创造更大的价值。其次，从国外实践来看，股权激励对象大致包括经理人员、核心技术人员和有突出贡献人员、一般员工。在确定激励对象时，可以综合考虑职务、业绩和能力等因素。

一、影响因素

小微公司确定股权激励对象时要考虑的因素非常多，如行业因素、公司规模因素、股权结构因素等。从历史经验来看，股权激励对象考虑的因素主要如下：

1. 公司行业特性与股权激励对象的分布

处于不同行业的上市公司，竞争环境不同，其战略目标与人才需求也不同。因此，相应激励机制的倾向及其程度也不尽相同。

对于人力资本密集型的行业来说，实施股权激励是避免优秀员工流失的有效措施。就高技术行业中的公司而言，核心技术人员是知识资本的缔造者，是企业竞争优势的来源，因此，激励对象更倾斜于核心技术人员。美国的高新技术产业在全球的领先地位离不开合理的股权激励,而在其高新技术企业中,核心技术人员是股权激励的重点选择对象。在中国,包含广大技术骨干的激励方案对中兴通信的发展已起到积极作用。在其股权激励计划中,高管层仅占到5%,超过60%的是核心技术人员,较好地实现了公司利益与员工利益的捆绑和共赢。因此,在通信设备与电子设备制造业等典型的高科技行业中,核心技术与业务员工成为股权激励的主要甄选对象。总体来说,处于高科技行业的公司与其他行业的上市公司相比,股权激励对象分布相对较广,即高管层所占比例较小,而核心技术人员所占比例较大。

2. 公司规模与股权激励对象的分布

随着公司规模的增大,所需要协调的资源与关系就越复杂。若仅仅将股权激励限于处在金字塔顶端的高管层,则会对其他核心员工产生"负激励"效果。此时,使更多核心人力资本的利益与公司利益相一致才是理性之选,因此,应将股权激励范围扩大,让核心员工也成为激励对象。例如,蒙牛乳业将股权激励获得的绝大部分收益反馈给管理层与核心员工,才能使其取得高速成长。由此可知,公司规模越大,其激励范围也应相对增大;反之,规模较小的公司就要充分考虑由于激励对象范围与力度过大带来的激励成本压力,其激励范围也应进一步压缩。一般来说,公司规模越小,股权激励对象分布越集中,即高管层所占比例越大。

3. 公司成长性与股权激励对象的分布

具有不同成长性的公司对激励对象分布的要求也不同。例如,成长性较大的公司需求旺盛,稳定性差,实行股权激励的最主要目的是,激励创业团队的核心人员将其个人利益与公司未来利益结合起来,共同为公司的发展作出贡献。并且处于此阶段的公司,通常需要负债经营,现金流压力较大,如果激励范围太大,分布过广,必然对其现金流产生较大的影响。因此,成长性较大的公司实行股权激励对象的范围往往较窄。随着公司的成长与逐渐成熟,激励对象范围会逐渐扩大。随着公司的成长与投资机会的增多,信息不对称的严重程度也会增加。此时,股东将较多地依赖股权激励机制的应用而非直接监督。因此,公司成长性越大,股权激励对象分布越集中,即高管层所占比例越大。

4. 公司盈利能力与股权激励对象分步

一般来说,盈利状况较好的公司设计股权激励对象的范围也较大。相对而言,盈利状况较差的公司在选择激励模式的时候应尽量避免增加成本和现金的支出。特别是要尽量避免选择股票增值权等激励模式,而且在激励对象范围确定的时候也应考虑到成本因素。尽量规避激励范围较大而带来的入不敷出,从而严重影响公司业绩的情况。

5. 终极产权性质与股权激励对象的分布

国有控股与非国有控股的公司在薪酬激励机制以及所依存的政策法规环境等方面具有较大的差别。国有控股公司因其特殊属性,为保证国有控制权的稳定性以及国有资产保值增值与避免国有资产流失等的原则下受到多方面的限制。相比而言,非国有控股公司的自由度更大,股权激励契约的选择较灵活,激励对象选择的自由度也较大。

二、多维度考核

在制定员工股权激励计划时,如何确定被激励人员是一个既非常重要又非常敏感的问题。很多企业采取的方法是,划定一定的持股范围(如主要经营层、中层管理人员等),在划定范围内的员工自然就具有享受股权激励的资格。采取这种方式确实简单易行,但需要对激励对象进行多维度考核。

(1) 对于划定范围内的人员是否需要认定持股资格。我们所操作过的一个案例中就曾经出现这样的情况,客户方将经营者和中层管理人员作为股权激励的对象,但中层管理人员中却存在着参差不齐的现象,有的人员本身并不符合岗位要求,只是由于历史原因,仍然担任一定的管理岗位。在这种情况下,如果简单地将员工股权激励和岗位挂钩,不但起不到应有的激励作用,而且有可能在持股人员内部引发不必要的矛盾。

(2)“人人持股,平均持股”的想法应遭到否决,持股人员应适当拉开差距,股权激励要向核心员工进行倾斜。

(3) 要明确不同企业实施股权激励的目的,而无论出于何种目的进行股权激励,都必须辅以相应的考核评价体系。如果是对以往贡献的认可,就需要对持股员工以往所作出的贡献进行系统地考核和评价,并将评价结果与股权激励数量挂起钩来;如果是对岗位价值的认定,就需要对岗位的价值进行考核和评价(如岗位职责的大小、决策的风险、所承担的风险等),并将评价结果与股权激励数量挂起钩来。

总体而言,要确定不同人员的具体持股数量,需要建立一套系统的考评体系。对不同的人员进行横向比较,从而明确他们的相对重要性,并与股权激励数量挂钩。

在持股人员、持股数量等要素明确后,员工股权激励计划就可以进入实际实施阶段了。在实施过程中,企业经常会碰到这样的情况:通过股权激励计划,员工持有了一部分股份,但是似乎有“一次持股,终身享受”的担忧。也就是担心员工持有股份以后,具备了被雇用者和企业所有者的双重身份,如果工作表现不好,反而比原来更加难以约束。

要解决上述问题,就必须建立股权流动机制和相应的考评体系。所谓股权流动机制,主要是依据“以岗定股、股随岗走”的原则,对员工持有、增减、退出股份的条件、时间、价格等作出一系列约定的一种机制。其核心目的就是要体现员工股权激励的特性,把持股与员工的工作表现有效地结合起来。

为了达到上述目的,就必须建立起相应的考评体系,例如,员工在什么情况下可以更多地享受股权激励;什么时候必须减少其股权激励;什么时候甚至必须退出其原有的股份。这些都需要通过考评体系加以规范,并且形成制度化、规范化。

另外,有些企业采取分红股的股权激励方式,相比之下,这种方式更需要考评体系的建立。因为与通过实际持有股份实施员工股权激励相比,分红股(只有分红权,没有所有权)所激励的对象更加具有不确定性,往往需要在具有相同的岗位、技术、学历背景的同一层面的人员中挑选出激励对象。如果没有考评体系的建立,无论人员的挑选,还是具体分红股数量的确定都会缺乏科学性和合理性,从而难以为员工所接受。

三、“定人”三原则

一般认为,股权激励的对象是高级管理人员。公司的高级管理人员是指对公司决策和经营负有领导职责的人员,包括经理、副经理、财务负责人(或其他履行上述职责的人员)、董事会秘书和公司章程规定的其他人员。但是这种观念是狭隘的,可以说,凡是能对未来公司的发展或者历史上为公司作出较大贡献的人,都能成为股权激励的对象。

确认激励资格,应从人力资本潜质、历史贡献、难以取代程度和难以监督四个方面予以考察。从人力资本附加值来看,激励对象应该能够对公司未来的持续发展产生重大影响,着眼于未来是股权激励的基本。从历史贡献来看,激励对象应该对公司过去的经营业绩增长或治理能力提升作出了突出贡献。从难以取代程度来看,激励对象应该包括那些把握核心商业机密和专有技术的特别人力资本持有者。关注难以取代程度,同时关注难以监督性。

从以往股权激励方案中我们发现,在确定股权激励对象时,存在普遍适用的“定人”三原则:① 具有潜在的人力资源尚未开发;② 工作过程的隐藏信息程度;③ 有无专用性的人力资本积累。根据以上原则,我们将一家公司的激励对象分成三个层面:第一层面是核心层,为公司的战略决策者,一般来说,人数约占员工总数的1%—3%;第二层面是经营骨干层,经营管理序列为担任部门经理以上职位的管理者,人数约占员工总数的10%;骨干层为特别人力资本持有者,人数约占员工总数的15%。第三个层面是操作层。

针对上述三个不同层面的人应该不同地对待,往往很多时候骨干层是股权激励计划实施的重点对象。一般来说,股权激励对象包括以下几方面:

(1) 高级管理人员、关键技术人员、重要营销人员。这也是中国证监会最为鼓励的激励对象。但大多都设置了 12—36 个月不等的锁定期，其中，最为常见的标准为 12 个月。

(2) 具有一定资历的员工队伍。我们认为用于该等对象的激励股票总数最好不要超过公司股本总额的 10%。

(3) 具有重要价值或影响的外部人脉资源。董事、高级管理人员、核心技术(业务)人员以外人员成为激励对象的，发行人应充分披露分析其与发行人业务或业绩的关联程度，说明其作为激励对象的合理性。

四、对岗或者对人

针对这个问题，需要上升到企业的发展阶段及面临的管理主题这个层面来考察。

对处在成长期的企业来说，其业务模式尚不固定，兼岗、轮岗现象非常普遍，很难用一个固化的岗位说明书来界定员工的工作内容。在这种情况下，岗位价值不应该成为确定股权激励力度的依据。

对处在成熟期的企业来说，其业务模式趋于固化，员工的能力发挥在很大程度上取决于其所在的岗位，"统一、规范、有序"成为企业的管理主题。此时，进行基于岗位价值的评估对确定股权激励力度来说非常重要。

一般认为，公司尚处在成长期时，应该以人力资本价值评估为依据来确定员工的初始激励力度。根据公司的实际情况，在评定人力资本价值时，应重点考虑激励对象的影响力、创造力、经验阅历、历史贡献、发展潜力、适应能力六大因素。若公司处于成熟稳定期，员工岗位基本确定，这时候可以根据岗位确定其激励身份的获得与否。

无论对人激励还是对岗激励，固化激励额度的做法都是不妥当的。为此，我们引入了股权激励的考核机制，并且将考核分为公司绩效、部门绩效(或项目绩效)、个人绩效三个层面。对于层面比较高的员工,强化对公司绩效的考核;对于层面稍低的员工,强化对个人绩效的考核。

五、技术入股

技术入股是指技术持有人(或者技术出资人)以技术成果作为无形资产作价出资公司的行为。技术成果入股后,技术出资方取得股东地位,相应的技术成果财产权转归公司享有。技术的拥有者把技术作为投资,与技术引进方合作,共同组成经济实体的活动。

技术入股有两种形式:一种是卖方以参与研究和开发作为股份向企业进行技术投资、联合研制、开发新产品,共同承担风险,分享利益,这种技术入股属于研究开发中的技术入股。另一种是卖方把自己掌握的现成的技术成果折成股份,向企业进行技术投资,然后分享利益,这种形式的入股属于技术转让中的技术入股。

随着《中华人民共和国公司法》(以下简称《公司法》)和国家科委《关于以高新技术成果出资入股若干问题的规定》(以下简称《若干问题规定》)等法律、政策的出台,客观上已经为技术成果的价值化提供了良好的前提,其有利于提高技术出资人的入股积极性,并且能够有效地调动技术出资人积极实现成果的转化。但是,技术成果的出资入股不同于货币、实物的出资,因为技术成果并不是一个客观存在的实物,要发现其绝对真实价值相当困难,而且对其过高或过低地评价,均会损害出资方的利益,从而会引起各种纠纷。

技术成果作为非货币形式的出资,最重要的在于价值的确定,科学、合理、真实、公平地确定技术的价值,有利于技术成为企业的真实资本和合理股份。在实践中,技术成果出资入股的作价方式主要有三种:评估作价、协商作价以及两种作价方式的结合。技术评估作价是指专业的评估机构对出资人的技术成果的价值进行确定的作价方式,即将技术价值进行量化的过程。协商作价方式是出资人不经评估,自行商定入股技术的作价金额的一种方法,这种作价方式是出资各方在诚信的基础上,通过协商来确定出资技术的价值。

原《公司法》第二十七条规定:"股东可以用货币出资,也可以用实物、知识产权、土地使用权等可以用货币估价并可以依法转让的非货币财产作价出资;但是,法律、行政法规规定不得作为出资的财产除外。对作为出资的非货币财产应当评估作价,核实财产,不得高估或者低估作价。法律、行政法规对评估作价有规定的,从其规定。"原《公司法》还规定:"全体股东的货币出资金额不得低于有限责任公司注册资本的百分之三十。"所以,理论上股东以非货币出资所占注册资本的比例最高不能超过百分之七十。2013 年底出台的新《公司法》第二十六条中规定:"有限责任公司的注册资本为在公司登记机关登记的全体股东认缴的出资额。法律、行政法规以及国务院决定对有限责任公司注册资本实缴、注册资本最低限额另有规定的,从其规定。"

技术出资入股是一项适应社会主义市场经济发展需要的新内容。随着我国加入世贸组织,我国经济逐步与世界经济接轨,努力搞好技术出资入股工作具有重要的现实意义。笔者认为,对于技术成果这一特殊事物,可以有不同一般的特殊规定,如此才能有利于发挥技术成果的价值。在权能出资上,我国法律应规定允许技术出资人将技术成果以部分权能出资入股;在作价方式上,在有验资环节防范作价不实的情况下,评估作价与协商作价没有很大区别,我国应放宽技术成果出资入股作价方式;在出资比例上,应适应知识发展的需要,放宽技术出资比例的限制;在技术出资人股权保障上,法律应针对公司设立与公司成立两个不同阶段作出不同规定,不应因技术成果的增减而增减技术成果出资人的股权与收益。只有这样,才能更好地引进技术,发展技术企业。

六、案例:华为如何确定激励对象

华为是中国最大的民营通信设备制造商,最近几年,华为终端风生云起。

华为也是一家非常有特色的公司,是 100%地由员工持有的民营企业,且至今未上市。

根据华为 2012 年年报披露的公司治理架构,华为股东为华为投资控股有限公司,实行员工持股计划。截至 2012 年 12 月 31 日,员工持股计划参与人数为 70 596 人,全部由公司员工构成。华为确定股权激励对象或者说员工持股对象考虑的因素主要包括可持续性贡献、职位价值、工作能力、对企业的认同程度和个人品格。

华为为什么至今未上市呢?其实,这都是因为任总的良苦用心。华为在创办初期,融资非常困难,为了吸引人才,任总大量稀释自己的股份,这就是华为的全员持股。广大员工既是员工,又是股东,所以,华为能万众一心,蓬勃向上,企业的执行力特别强。

如果华为上市,就会有成千上万个千万或亿万富翁,绑上黄金的雄鹰还能在天空翱翔吗?曾经有一个海外的著名行业分析师和我讨论北电为什么衰落得这么快?他说:“一大堆亿万美金的富翁讨论公司的生死存亡,他们哪有紧迫感。”所以,北电错过多次转型的机会。另外,任总的股份可能很低,如果上市可能失去控制权,并且华为还离不开任总。这也是华为不上市的另一个原因。

定价——确定激励的价格

一般而言,股权激励采用公允价格,即市场价格。但由于小微公司没有上市,所以也没有市场定价机制。因此,小微公司股权定价的合理确定需要企业有一套规范、透明的财务体系作为基础。对于绝大部分小微企业来说,财务是无需公开的,如何平衡私人公司的财务特征与股权激励对财务规范、透明的要求是定价的基础。

另外,在许多企业中存在着非经常性损益,在定价时必须充分考虑股权激励的性质和特点。对原有股东结构下的企业资产,在确定与股权激励相对应的定价原则时如何进行一定的划分和界定是一项重要的工作。它关系到股权激励的合理性和原有股东的利益。本节我们就重点谈一下企业估值和股权定价。

一、企业估值

(一) 价值评估的重要性

公司价值之所以重要,是因为它在现实的经济活动中具有以下几个方面作用:

(1) 公司价值是衡量企业市场能力的最重要指标之一。企业的市场发展能力是决定企业生存和发展的基本动力,是企业发展的本质所在。而公司价值最能全面、完整地衡量企业的市场发展能力,是企业参与市场交换的最终表现。

(2) 公司价值是企业实行价值管理所作出的各项政策的基本依据。企业的投资政策、融资政策以及股利分配政策的实施与否取决于这些政策是否增加公司的价值。可以说,企业作出的各种决策最终都表现在公司价值问题上,公司管理也围绕价值进行管理。

(3) 公司价值是衡量企业经营绩效的重要指标。因为公司价值是唯一的要求完整信息的判断标准。为判断价值创造,必须具备长远观点,能够在损益表和资产负债表上处理所有现金流量,并了解如何在风险调整的基础上比较不同时期的现金流量。没有完整的信息,几乎无法作出合理的价值评估。

(4) 公司价值是评价企业管理者绩效的重要指标。随着企业经营权与所有权分离,如何评价和激励管理者已经成为一个重要问题。公司价值是评价和激励企业管理者的最重要指标,是企业管理优劣的最终评判标准。另外,公司价值理论也是企业无形资产价值理论的基础。

(5) 企业价值评估是市场经济和现代企业制度相结合的产物。以企业并购为目的,可以为与被并购企业讨价还价提供一个重要参考,也可以为实施并购的企业决策提供依据,以降低并购业务的风险。

公司价值对于股票市场投资者(尤其是对那些持有稳健投资观念的投资者,即以基本分析为主的投资者)合理进行股票定价、判断股票价格有着非常重要的意义。对于股票市场中不同的投资者来说,公司价值有着不同的作用和意义。无论是在经济活动还是资本市场,企业价值的估值非常重要。它不但是价值管理的关键控制点,也是资本市场运作尤其是收购活动的成败关键点。

(二) 如何估值

公司估值理论源于财务理论的发展,它以财务理论为基础并结合了金融、管理等知识综合而成。公司价值是 20 世纪 60 年代初期伴随产权交易市场出现,由美国管理学者最早提出的一个概念。企业产权市场的迅速发展,使人们日益清楚地认识到,在市场经济条件下,作为商品生产者的企业本身也是一种商品。其交易价格是由市场决定的。

在激烈的市场竞争中,企业要求得生存和发展,必须使自身价值在市场中得到承认,不断地寻求价值增值的途径,并以追求公司价值最大化作为从事各种生产经营活动的目标。进入20世纪80年代以后,随着美国新一轮企业并购浪潮的到来,不论是企业界还是学术界,对公司价值的认识和对公司价值评估方法的研究都达到了前所未有的境地。经过长时间的摸索,估值理论已经成为一种比较科学和系统的理论,被广泛应用于股票定价和资产定价。

总体而言,现代公司估值的方法大体分为相对估值法和现金流折现法。

1. 相对估值法

顾名思义,相对估值法就是选取符合要求的参照企业,根据该企业的价值来确定目标企业的价值。因非上市企业信息不透明,难以获取其价值以及计算价值的相关参数,故而参照企业一般选取在资本市场上公开披露信息的上市公司。具体而言,选择多家主营业务与目标企业相似的上市公司,通过对这些上市公司的市盈率(P/E)、市净率(P/B)、市销率(P/S)和EV/EBITDA进行分析计算,并加以修正,得出适合目标企业的估值倍数,然后乘以对应的参数即可得出企业价值。具体操作起来如下:

第一步,在股票市场上找到主营业务与目标企业相似的上市公司名单。如果营销策划、销售渠道、客户结构等也相似,则参照标的更为准确。第二步,计算这些参照公司的市价/关键变量的平均值,如平均市盈率等。第三步,根据影响倍数的变量修正倍数,然后用倍数乘以企业的对应变量就可以计算出公司价值了。

需要说明的是,估值倍数的修正要考虑两个因素。第一,必须根据各上市公司在资本市场的地位或者份额或者与目标企业的相似程度确定其权重;第二,根据经验确定目标企业的估值倍数与参照企业的平均倍数之间的风险折价或溢价,这主要取决于目标公司的成长性。正因如此,适合目标企业的估值倍数很难真正确定。

相对估值法提到了 P/E, P/B, P/S 和 EV/EBITDA 四种倍数的计算方法。其中, P/E 方法最适合持续盈利并且贝塔值约等于 1 的企业; P/B 适用于拥有大量资产而且负债率低于 50%的企业; P/S 适用于有销售但尚未盈利,并且销售成本率较低的服务类企业; EV/EBITDA 适用于有大量固定资产的制造型企业。

总体来说,相对估值法有以下优缺点:

相对估值法相对其他方法来说直观易懂,不需要很深的专业知识。对我国采用比较多的市盈率、市净率所包含的价值内因进行分析,合理的比率应该是建立在对价值内因合理估计的基础上。所以,只要可比公司选择适当,再选取适当比例对目标企业进行估值,结果应当是非常理想的。相对估值法的缺点也是显而易见的,它假定市场在总体上是有效的、正确的。如果市场整体上对价格高估或低估,相对估值法将失灵。

2. 现金流折现法

对于有稳定现金流量的成熟企业而言,利用现金流折现法(DCF)来评估其价值是最成熟最准确的方法。现金流折现法必须满足两个原则:一个是增量现金流量原则,另一个是时间价值原则,即任何企业的市场价值是未来各期的现金流量以含有一定风险的折现率计算的现值之和。

应用现金流量贴现方法进行公司价值评估有三个具体模型,即红利贴现模型、股权自由现金流贴现模型和企业自由现金流贴现模型。这三个模型的主要区别在于对现金流量的规定范围不同。在红利贴现模型中,现金流量被定义为股东得到的实际现金流量(即红利)。在股权自由现金流贴现模型中,将现金流量范围规定为归属于股东的理论现金流量。在企业自由现金流贴现模型中,现金流量是企业自由现金流。目前,企业自由现金流贴现模型是现金流量贴现评估法主要采用的模型。

总体来说,现金流量贴现法注重现金流的现值,而不仅是单纯地关注财务报表上利润率的大小。所以,相对于市场上经过粉饰的利润率来说,现金流量一般不易操纵,客观性强,能够客观地反映企业的经营情况。同时,现金流量贴现法符合对资产的定义。由于资产的特征之一就是预期能给企业带来经济利益,所以,企业的价值也应当是所有带来的经济利益流入,即预期现金流量的现值。但是,现金流量贴现法作为一种面向未来动态的估价方法,涉及很多不确定的因素,如未来现金流量、企业终值及贴现率、预测期等。这些变量选择需要进行主观判断,保持客观、公正以及准确是很困难的。此外,从贴现率的角度看,现金流量贴现法不能反映出企业灵活性所带来的收益。假定资本成本是对企业面临的系统性风险的内在回报,企业为适应环境所作出的灵活性决策所带来的非系统性风险则没有进行充分考虑。

3. 两种估值方法的使用范围

由于现金流量贴现法需要确定未来现金流量和贴现率,所以,最适合那些能准确地测算未来现金流量及贴现率的企业。对处在财务困境时期的企业、正在进行重组并购的企业、有专利权或产品选择权的公司不适用。处于清算状态的公司也因为不能再预测未来现金流,也不适用现金流量贴现法。

相对估值法最适合下列情形:行业发达,市场上存在大量的可比公司,并且其市价合理,企业间存在一些相同的财务比率,以便进行标准化的估价。投资银行在进行初始公开发行时就常采用这种方法用于发行价格的估计。随着股权分置改革的完成,我国资本市场流通股与非流通股并存的现象逐步消失,资本市场日趋成熟稳定,市场规范性和上市公司规范性都在逐步加强。这就意味着资本市场的有效性在加强,企业估值的基本环境正在逐步改善,相对估值法的适用条件也逐渐形成。

任何一种估值方法都不是万能的,都有其适用范围,而多种相对估值法和至少一种绝对估值法模型结合使用可能会取得更好的效果。例如,注重稳定性的企业可首选绝对估值模型,而类似于网络开发公司等注重成长性的公司,就可首选相对估值法来进行企业价值评估。任何方法的选择都不是绝对的,也不是一成不变的,还需要在实践中不断摸索与总结,并借鉴国外的先进理论和经验。

（三）估值技术

企业估值使用比较多的方法有收益法(现金流贴现法)、相关估值法和成本加和法。

1. 收益法

也称收益现值法、收益还原法，是把企业或其他资产综合体在未来特定时间内的预期收益还原为当前的资本额或投资额的方法。从理论上说，收益法应是相对科学的方法。

这是因为：① 现代资本结构理论、企业竞争战略理论和企业竞争优势理论都认为，创造企业价值和实现企业价值最大化是企业经营的主要目的。企业价值由各种不同的创造价值因素所组成，而且这些创造价值的因素要经过整合才能产生效果。企业价值不是单项资产的简单组合，而是各单项资产的整合，如整合成功，就可产生 1+1>2 的效果。② 可持续发展理论认为，企业存在或购并的目的，不是企业过去实现的收益以及现在拥有的资产价值，而是企业未来获得收益的能力。只要企业未来收益为正，企业就可持续地经营下去，企业就有存在的价值。

收益法的思路是，把企业在未来特定时间内的预期收益通过一定的折现率还原为当前的资本额或投资额。整体企业评估的对象是以企业的整体获利能力为目标进行评估，因此，收益还原思路及收益现值法是整体企业评估的首选方法。

收益法的适用条件是：① 被评估企业的未来预期收益能够预测，并能基本保证预期收益数额的合理性和可用性；② 与企业获得未来预期收益相联系的风险也能估量，并能提供令人信服的依据；③ 产权清晰，评估范围界定清楚。

企业整体收益的确定方法主要有利润总额法、净利润法和净现金流量法。

表 3-2 三种企业收益法的比较

名称	定义	公式	优点	缺点
利润总额法	是指企业在未来经营期内所获的税前利润，将其作为测算企业整体资产收益额的一种方法。	利润总额＝主营业务收入－主营业务成本－主营业务税金及附加＋其他业务利润－营业费用－管理费用－财务费用＋投资收益＋补贴收入＋营业外收入－营业外支出	数据易得，比较客观地反映企业的经营业绩。	不是企业所有者拥有和支配的净收益，也不是企业整体资产的收益，不能反映总资产的价值，因为税前利润已扣除了由负债带来的利息支出；同时，也不能反映企业的净资产价值，因为利润中尚有一部分所得税并不归资产所有者拥有。通常不采用利润总额法来测算企业整体资产的收益。
净利润法	指企业在未来经营期内可获得的归资产所有者拥有和支配的净收益。	净利润＝利润总额－所得税	客观地反映企业实际经营业绩。	受制于各企业会计政策（如折旧不同），导致缺乏可比性，人为操纵时，评估结果容易失真。
净现金流法	指运用企业未来经营活动和投资活动中现金流入量与流出量的差额来确定企业整体收益的方法。	净现金流量＝现金流入量－现金流出量＝调整后净利润＋折旧－追加投资	符合资产经营中不断追加投资和回收投资的动态过程，比较真实地模拟企业在未来经营中收益的实现途径和过程，受会计政策影响小。	连续性强，应从长远的角度考虑问题。

国际流行的评估方法是以净现金流量作为预期收益额。因为它以收付制为原则，排除了人们主观认定的固定资产折旧费的干扰。还考虑到收益的时间、货币的时间价值和税后指标。所以，现金收付制下的净现金流量与权责发生制下的利润指标相比更能全面、精确地反映公司的内在价值。所以，一般采

用净现金流方法进行估值。

使用收益法必须要通过对公司的财务分析和信息分析，确定公司自由现金流及资本成本后，然后采用上述公式来确定公司价值。具体如图 3.1 所示：

图 3.1　收益法过程图解

2. ***相关估值法***

相关估值法也称市场法，是指利用资本市场和产权市场上与被估企业相同或相似企业的交易及市场交易成交价作为参照，通过被估企业与参照企业之间的对比分析，从而确定被估企业整体资产价值的一种评估方法。一般有以下两种方法：

(1) 可比公司分析法。

首先，找出同类公司的股价与财务数据为依据，计算出一些主要的财务比率，然后用这些比率作为市场/价格乘数来推断被评估公司的价值。

其次，使用的财务指标有销售利润率、存货周转率等。应注意可比公司的会计方面是否有差异，如存货计价方法，折旧方法等。

最后，用股权乘数得出的被评估公司的估值是股东权益市场价值的估计数，用总资本乘数得出的则是被评估公司股权和债权在内的总资本的市场价值估计数。

股权乘数计算有市盈率、价格对净现金流比率和市净率等。总资本乘数有总资本对 EBIT 的比率、总资本对息税前净现金流量的比率和总资本对包括债务的有形账面价值的比率。

需要注意的是，运用各乘数得出的公司价值不相同，可赋予权重平均。

(2) 可比交易分析法。

该法是从类似的收购事件中获取有用的财务数据来求出一些相应的收购价格乘数，据此评估目标公司。一般只统计同类公司在被并购时收购方公司支付价格的平均溢价水平,再用这个溢价水平计算出目标公司的价值。

总之,采用相关估值法的图解过程见图 3.2:

图 3.2　相关估值法

(3) 相关估值法的理论基础。

① 估价对象可与相同类型资产或公司之间进行比较。这是经济理论的一个基本原则,类似的公司或资产应有类似的交易价格。该方法对公司价值的评估是通过参考可比公司的价值与某一变量(如收益、现金流量、账面价值或收入等)的比率计算而得到的。② 假设其他公司与被估价公司具有可比性,并且市场对这些公司的定价是正确的。

选择可比公司时,主要在经营方面和财务方面寻找类似的公司。在经营方面,主要注意所在行业、产品类别、市场份额、经营周期、经营策略等;在财务方面,主要关注资产规模、销售收入、营业利润、净利润、负债率、股权结构、股利政策以及销售收入和净利润增长率等。可比公司应该是同行业或同一业务的公司,最好是同一市场的公司,股本规模和有关指标的增长率大体相当。另外,需了解可比较企业的行业特性、企业的技术优势、企业的市场地位、企业的成长性、企业的近期赢利能力、企业经理的管理能力等。

市场法要求在活跃、成熟的证券交易市场进行,在我国并不具备成熟条件:一是市场不规范,价格与公司基本面脱钩;二是有非流通股。

3. *成本加和法*

成本加和法(主要依据账面资料,国内使用较多)是指重新构建一个与被评估对象相同的企业,或生产能力及获利能力载体所需的投资额,与公司账面价值比较,以作为判断企业整体资产价值标准的评估方法。也可称为重置成本法，即托宾Q值估值法。

成本加和法主要依据净资产的账面值，重置成本还包括重新设立该企业无形资产所需要付出的成本。重置成本不同于企业设立时的历史成本，它已包含了由企业良好运作导致的资产升值。企业账面价值和重置成本的比率便是托宾提出的Q值。该方法的优点是，当因通货膨胀导致资产价格上升或技术进步导致资产价格下降时，Q值能提供对资产价格估价更好的判断标准。成本加和估值法图解见图3.3：

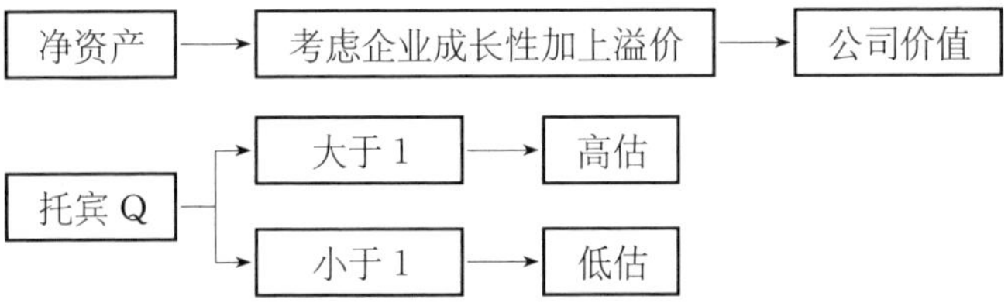

图3.3 成本加和估值法

除了以上三种比较常用的估值法外，期权估值法也比较常用，期权估值法的主要特点是：

第一，期权是一种契约，期权的所有者拥有在给定的日期前以固定的价格买入或卖出一项资产的权利。期权分买方期权和卖方期权两种。

第二，影响期权定价的因素(以卖方期权为例)包括：

(1) 基础资产的即时价格。该价格越高，一般期权到期时该资产的即时价格也就越高，卖方期权价值越小。

(2) 成交价格。期权契约规定的成交价格越高，卖方期权的价值越大。

(3) 期限的长短。美式期权时间越长，期权价值越高。

(4) 无风险的流行利率。利率越高，卖方期权的价值就越低。因为高的利率使到期时成交价格的现值降低。

(5) 基础资产的价格波动程度。基础资产的价格波动程度越大，卖方期权的价格越高。

目前，资本市场上比较流行的估值方法是收益法，尤其是现金流贴现法，然后用市场法和成本加和法印证。各种估值法可视评估的企业特点灵活使用,而且需要多种方法互相印证。

（四）现金流贴现法 DCF

在 DCF 方法中,企业价值等于其未来现金流量的现值加上终值的现值,再减去剩余的负债。现金流贴现理论基础是下述三个假设:① 目前一定数额现金的价值大于未来等额现金的价值;② 对未来产生的现金流量,如生产经营产生的现金流量,可以进行合理估计;③ 企业的可用资本的边际资本成本与其投资资本的可转换收益是相似的,并可预测。

在实际操作中,可编制预测财务报表对企业预期的经营成果和财务状况进行预测,进而评估企业的管理决策和经营计划,确定增长率、资本成本等参数。通过预测财务报表,可以进一步测算出企业未来产生的自由现金流量。将这些现金流量用加权平均资本成本贴现,通过公式进行计算,得到的现值 V 就是企业的价值。根据这个模型,就可以将企业的价值量化,计算出的结果直接体现了企业在资本市场上的市场价值。实际上,在资本运作领域,当人们从事收购和兼并时,正是基于这种方法来评估目标企业的。

1. 现金流量

(1) 对预期现金流量的确定常考虑以下因素:

① 历史的现金流量;② 企业所处的发展阶段及成长率;③ 宏观经济环境及 GDP 增长率;④ 会计政策。

(2) 决定未来现金流量的主要来自企业内部,决定贴现率来自企业外部。

2. 使用 DCF 模型应注意的问题

(1) 该模型是对整个企业进行估价。

(2) 该模型使用的稳定增长率必须合理,和预期的 GDP 的长期增长率相关。公司必须具备维持其稳定增长的条件。例如,不允许公司的资本性支出远远大于折旧额。另外,必须运用一个与名义经济增长率相当或稍低的速度增长，不然，公司价值长期下去将富可敌国。

3. 现金流贴现法在中国市场上的应用考虑

(1) 对于贴现率来讲，需要应用 CAPM 模型。但中国市场没有真正意义上的市场化无风险利率，股票市场收益率也难以很好确定，这些都带有人为因素，因此，有时需要依赖于分析师经验及评估的艺术性。

(2) 长期不分红，没有稳定的股利政策，现金流量不稳定，会计审计制度不健全，上市公司操纵利润，使现金流量和增长率估计很难准确。另外，上市公司的政府行为和大股东操纵现象比较普遍，业绩波动大。

(3) 贴现现金流估值法主要适用于处于传统产业、经营历史较长、经营业绩稳健的公司估价。

尽管如此，随着全流通及资本市场的一系列改革，中国资本市场逐渐为现金流贴现法提供了实施的条件。

二、影响公司价值的因素

根据贴现法的步骤及公式，可知某些因素会影响公司价值，这些因素也是评估过程中需要关注并重点分析的因素。

(1) 凡影响公司未来现金流量的因素都会影响公司价值。

(2) 投资决策。包括一般性经营(短期投资)、固定资产投资、股权投资和收购兼并等。

(3) 融资政策。① 负债规模的扩大会给企业带来较大的财务风险，会降低公司的价值；② 融资行为会作为一种信号影响到投资者对企业未来时期现金流量的预期，并通过他们的投资活动影响企业价值；③ 融资方式在一定程度上吸引投资者的注意力并认可。

(4) 融资原则。先内部后外部，内部是指用留存收益转增股本，外部应遵循先债权后股权的原则。

(5) 股利政策。① 决定公司前期利润有多大比例可作为留存收益进行投资,从而改变融资结构,影响融资成本;② 在一定程度上决定公司净资产水平,进而影响净资产收益率;③ 影响外部融资计划实施的顺利与否;④ 直接反映股票的每股现金流量,从而影响市场对公司前景的预期。

(6) 资本结构。根据 WACC 计算公式,资本结构会影响资本成本。

(7) 公司治理结构。① 指公司作为一个独立法人其内部的组织结构。通常由股东代表人会、董事会、监事会和经理层构成。公司治理结构对公司价值有直接影响。② 通过公司治理结构机制来保障企业所有者的权益是十分必要的。③ 独立董事制度。

三、公司价值与股权价值的关系

根据现代财务学理论,公司价值是股权价值和债券价值之和。这意味着股票价值是被包含在公司价值之中的。

根据现金流贴现模型,公司的股权价值是由预期股权现金流量(指扣除所有费用、税收支付、资本支出以及利息支付后的剩余现金流量)根据股权成本进行贴现而得。而公司价值是由公司预期现金流(指扣除所有费用、税收支付、资本支出以及利息支付之前的剩余现金流量)根据公司资本加权平均成本进行贴现而得。因此,两者的现金流量和贴现率都不同,当公司存在财务杠杆时,公司价值一般大于股权价值(公司价值也可能小于股权价值,这取决于税盾效应、破产成本和代理成本的大小);当不存在财务杠杆时,公司价值等于股权价值。

因此,存在两种评价公司价值的方法。一是直接法,就是根据公司价值模型,直接求得公司价值,如需要求股票价格,则再减去债务账面价值。二是间接法,就是先求出股权价值,再加上债权价值,就得到公司价值。如果两种方法的基本假定一致时,结果应该是相同的。

股票定价除考虑公司自身因素外,还要考虑公司以外的环境因素,所以,

股票定价应综合考虑如下因素:

1. 影响股票价值的外界因素

① 供求关系;② 投资者信心及心理因素;③ 会计信息。

2. 影响股票价值的内在因素

(1) 公司经营状况和盈利水平。应分析三个方面。第一,经济景气状况和经济政策。这些会影响公司的经营环境,进而影响公司业绩。分析指标包括经济增长率、通货膨胀率、物价指数和失业率等。第二,对企业所属的产业进行分析。如产业处于上升还是下降阶段、政府是否对其进行扶持、产品市场供求状况、产业竞争程度及产业进入壁垒等,最终对整个产业的盈利能力及未来状况作出判断。第三,对企业的竞争战略进行分析。了解企业的核心竞争优势,并分析企业保持这些竞争优势的能力。

(2) 利率水平及财务成本。利率影响贴现率,又影响公司盈利。利率上升,投资的机会成本增大,债权人、股东要求收益提高从而提高公司负担,造成公司的总成本提高,盈利因此下降。

(3) 税赋。国家的财政收支实行扩张或紧缩政策时,会增加或减少上市公司的利润。

(4) 非系统风险。

四、公司价值评估案例分析:某传媒公司股权估值

(一) 背景介绍

某广播电视产业中心自 2001 年起在搬迁的过程中,因要在广电事业建设、节目制作等方面投入大量资金,造成控股股东在投资建设过程中直接或间接占用了某传媒公司大量资金。经双方协商,决定以此广播电视产业中心持有的部分传媒公司国有法人股股份抵偿其欠款,即以股抵债。中介机构对公司价值进行了评估,并出具了公司价值估值报告。引用此案例的目的是为了

说明企业价值评估方法的选择以及各种方法的利弊。

1. 主要财务数据和指标

表 3-3 盈利能力分析 单位：%

	2003 年	2002 年	2001 年
主营业务收入增长率	41.52	−1.29	19.74
主营业务利润率	26.67	36.67	44.90
净资产收益率	1.99	1.73	3.28
总资产收益率	0.96	0.86	1.68

表 3-4 经营能力分析 单位：万元

	2003 年	2003 年	2001 年
主营业务收入	96 808.65	68 404.44	69 296.45
营业费用	7 471.71	5 514.09	8 002.84
管理费用	15 759.24	18 181.62	23 125.73
财务费用	10 874.44	9 700.47	3 819.04
营业利润	−7 873.94	−7 860.78	−3 657.28
投资收益	8 713.10	8 058.17	5 807.84
净利润	4 757.19	4 033.87	7 612.45

表 3-5 资本结构分析 单位：%

	2003 年	2002 年	2001 年
股东权益比率	47.88	47.90	51.27
资产负债比率	48.45	48.13	43.20

2. 股本情况及主要股东持股情况

截止 2004 年 6 月 30 日，传媒公司的股本结构如下：

表 3-6 股本结构

股份类别	股份数量(股)
未上市流通股份合计	182 520 000
其中：国有法人股	172 380 000
已上市流通股份(人民币普通)	153 400 000
股份合计	335 920 000

(二) 针对该公司估值定价方法的选择

1. 市盈率法

市盈率方法计算简单,具有普遍的群众基础,能够反映市场对该股的认可程度。但是,由于市盈率法蕴涵了未来数十年的每股盈利均以当前每股收益为基础的假设,又鉴于传媒公司大量的募集资金被控股股东及其关联方长期占用,没有被投入到公司的正常运营中去。所以,简单地套用市盈率法难以估计企业的真实价值。本次估值不适用此方法。

2. 市净率法

市净率是指上市公司股票价格相对于净资产的倍率,市净率定价方法实际上就是根据净资产定价。市净率法主要适用于固定资产规模比较庞大,且企业盈利能力与其固定资产规模之间的比例关系较为稳定的公司股权估值。由于传媒公司的行业特点(以广告业为主业,收入波动较大),固定资产规模(较小)及企业收益与固定资产投入的比例关系(无明显内在关联),因此,本次估值也不适用此方法。

3. 净资产溢价比率法

净资产溢价比率法比较直观。从目前国有资产股权转让市场来看,其转让价格一般都是在净资产的基础上上浮一定的比例。但由于每家企业的情况不同,上浮的比例相差非常大,规律并不显著。从近期上市公司国有股权转让的情况来看,转让最低溢价者为 5.42%,最高达 80%,平均为 25.8%。同时,传媒公司的每股净资产(7.12元)远高于样本公司的平均水平(2.90元),这是导致此次溢价比率方法失效的主要原因。所以,仅将该方法作为定价的参考。

4. **收益现值法**

收益现值法是国内外广泛采用的对企业整体估值方法,是指用资本加权平均成本贴现整个企业的现金流,从而得出企业整体资产评估价值的一种评估方法。它的主要思想就是公司的价值在于能够分享公司未来的收益,所以,股东权益的价值也应该是其未来收益的现值。它由于重视企业现金流而更加真实地反映出企业的真正价值,目前,该方法已经成为国内外主流估值方法之一。

在采用收益现值法估值过程中,要求被估值企业价值内涵和运用的收益以及折现率的口径必须是一致的。本次估值采用的收益值为企业投资资本的净现金流,折现率采用加权平均资本成本。通过折现还原为基准日的净现值,即为估值基准日的企业全部资本(含投入资本和债务)的公允价值,进而扣减企业债务价值后计算出公司股东权益价值和每股股权价值。以2004年6月30日为评估基准日,采用收益现值法确定传媒公司的整体价值及股权价值,为其进行股权转让提供价值参考依据。

在本次估值中,按照如下基本估值思路进行:

(1) 对企业收益现状以及市场、产业、竞争等环境因素和经营、管理、成本等内部条件进行分析;

(2) 对企业近期若干年的收益进行比较精确地预测;

(3) 对企业未来远期收益趋势进行判断和估算;

(4) 选取加权平均资本成本作为折现率;

(5) 对企业整体价值进行估值,扣除借入资本价值,估算传媒公司的股东权益价值和每股股权价值。

在具体操作过程中,以全部资本的净现金流作为收益额,选用分段收益折现模型。将持续经营的企业收益分为前后两段,首先预测前段各年的收益额;再假设从前段的最后一年开始,以后各年的预期收益额均相同。最后,将企业未来预期收益进行折现求和,即得到企业整体资产的收益现值。

根据传媒公司在未来几年内的主营业务发展计划和企业长远发展规划,特别是依照近几年业务已发生的资本性支出和相关项目的建设和运营情况。本次对企业未来收益预测分为两个阶段:第一阶段为 2004 年 6 月 30 日至 2009 年 12 月 31 日,共 5.5 年。在此阶段中,传媒公司的各项主营业务将完成其主要的结构调整和投资规划,其收益情况将逐渐趋于稳定。第二阶段为 2010 年 1 月 1 日至永续经营,在此阶段中,传媒公司将保持稳定的盈利水平。

根据上述预测,经上述必要的工作程序,在估值假设和限制条件充分实现下,对传媒公司 2004 年 6 月 30 日的企业价值估值为 459 611.23 万元。

5. 期权定价法

公司的股权可被视为以公司资产的总价值为标的看涨期权。执行该期权就意味着按债务的面值对公司进行清算,而它是以债务当前的账面价值为预购价格的。因此,可采用国际通用的欧式期权评估模型——布莱克-舒尔斯(Black-Scholes)模型对公司的净资产进行估值,进而给出对大股东"以股抵债"的定价估值。

期权定价法对陷入困境的公司、高速增长公司、自然资源优势明显、专利产品等无形资产占相当比例的公司非常有效。将期权定价法运用于蕴涵有一定期权性质的资产定价,弥补了收益现值法的不足。

传媒公司目前经营业绩不佳的主要原因是大股东大量占用上市公司资金,一旦该问题得以解决,企业将会轻装前进、稳步成长。此外,广播影视行业属于特殊资源的行业,具有明显的意识形态属性,传媒公司电视频道的节目创新能力已经构成了业务的一定垄断优势。而且,上市公司在未来也有可能通过并购来做大网络业务。因此,期权定价法适用于传媒公司权益股本的估值。

(三) 方法的选择及存在的问题

该机构称:"由于传媒公司目前经营业绩不佳,整个企业的现金流不理想”,所以,“采用的是未来收益现值法与期权定价法互相印证的估值方法”,“采用国际通用的欧式期权评估模型——布莱克-舒尔斯模型来对公司的净资产进行理论估值”。

该机构之所以这样解释,是由于传媒公司目前经营业绩不佳,整个企业的现金流不理想,因而未来收益现值法评估值肯定对大股东不利。至于他们解释的布莱克-舒尔斯模型,行家都知道由于不确定因素太多,确定该公式中的任何一个参数都有很大的难度,除了具有理论研究价值,实际使用是很慎重的。

企业估值方法包括重置成本法、收益现值法、期权定价法、市场调查法等。之所以会产生这么多的评估方法呢,正是因为要进行公正的价值评估是一件困难的事情。容易标准化的商品就容易定价,而需要评估的各个企业的情况千差万别,无法标准化。因此,评估也就显得异常困难,任何一种方法都无法保证给出恰当的评估。而且评估的目的、数据来源、公司交易中的控制权、资产的可交易性以及被评估企业所在行业的市场竞争状况、企业战略规划、特殊股权结构、产业生命周期状况等许多因素都会影响评估方法的选择,对并购的公司进行评估就更为困难。因为经过并购重组之后,公司的资本结构和经营状况可能会发生改变,风险特性也会改变。这些都会增加评估的难度。

(四)优化企业估值方法的建议

可见,我们现在缺的并不是方法,而是缺乏一种合理的体制来保证各种方法的使用范围,以尽量地发挥最大作用。针对我国对目标企业的估值方法中存在的问题,可以采取以下措施:

1. 提高评估机构的商业信誉

在并购目标价值评估的问题上,一方面,评估结果直接影响交易双方的商业利益,双方都期待一个客观确定的公允价格;另一方面,评估方法本身又具有较大的不确定性和主观性。在评估方法很难保证评估结果的客观性的情况下,在成熟的评估市场上,保证评估公正的不是评估方法本身,而是大大依赖于评估机构的信誉。为了并购市场的健康发展，有必要迅速培养几家信誉很高的评估中介机构。

2. 加快企业并购重组立法

从产权转让和企业并购的产生和发展的现状来看，我国企业并购法律法规显得滞后，有些则已被实践突破，如股权置换并购，买壳(借壳)上市等，在法律中就没有明确的规定。因此，要通过建立和完善企业并购重组立法，规范企业产权转让行为，更好地发挥企业价值评估在产权转让中的作用。

3. 加快产权交易市场建设，创造一个高效、有序的市场环境

目前，我国商品市场已发育得比较成熟，但资本市场、劳动力市场、产权市场等要素市场存在严重的缺陷，使企业资产经营面临缺乏市场评估的客观依据，难以准确地评估企业资产的实际价值。因此，要加快我国产权市场的发展，强化市场机制在资源配置中的基础作用，减少政府在企业并购重组过程中的作用，促进价格形成机制的市场化，真正地按照市场对资产的评估来确定资产的价值。

五、股权激励中行权价的设计

在股权激励计划的各项条款中，激励股权行权价的设计一直是个重点和难点。假如上海一家A公司拟打算在香港上市，以下就高管股权激励(首次公开招股前购股权计划和一般购股权计划)及老员工股权激励中行权价的设计作一个简单分析。

在香港现行的股权激励(购股权)方案中，以股票期权为主。对于股票期权激励模式，国内外上市公司基本都是依据二级市场股价制定股票期权行权价。其优点是简单易行，方案设计成本低；主要缺点是容易受股市周期性波动的影响。在牛市时，业绩低于市场平均水平的经理人员也可能从中获利；在熊市时，业绩高于市场平均水平的经理人员也可能因股市下跌而没有获得激励。

由于香港股票市场比较规范和完善,股价能比较客观地反映公司业绩和未来盈利能力,可采用香港市场的股价作为确定行权价的依据。事实上,根据披露的资料,香港上市公司购股权计划行权价基本上都是按照授予日前五个交易日的平均收盘价进行设计的。

相比于较规范、完善的香港股票市场,我国 A 股股票二级市场的价格波动比较大,存在着较多的市场操纵行为。在设计行权价时,选择时间段比较长,一般以更长时间的平均收盘价作为依据,以减少价格波动的影响。例如,将股权激励计划公布前 30 个交易日的平均收盘价作为行权价,已成为多数上市公司的做法。

对于 A 公司首次公开招股前购股权计划,这次是按照每股行使价较发售价折让 10%。在香港上市的房地产公司(如世茂股份)也是采用这种方法。如果在境内上市则不宜采用这种定价方法。我国股市的一、二级市场存在着较大的价差,当受益人行权所获得的股票是流通股时,不能以一级市场价格(如 IPO、增发的价格)作为行权价确定依据,否则,受益人可以比较轻松地从股票期权计划中获利,将弱化股票期权制的激励效应。

另外,中国股票市场的定价机制效率偏低,公司业绩和股价的相关性不高,存在普遍的"齐涨齐跌"现象。在此情况下,可以运用指数股票期权来过滤异常收益,强化股票期权收益和公司业绩的关联度。而且在股市暴跌的时候,指数化期权也可在一定程度上保留期权的激励效用。此时,行权价=授予日的股票公平市场价格×行权日指数值/授予日指数值。参照指数的选择,优先考虑行业指数,其次考虑综合指数。如果公司主营业务突出,本行业的上市公司数量足够多,则可以选择行业指数。行业上市公司的样本既可以选择全部同行业上市公司,也可以选择重点公司与主要竞争对手。如果公司实施多元化经营,行业特征不明显,则可以考虑选择综合指数。

不同于高管股权激励计划设计,可以根据发售价或者二级市场价格来订立行权价,老员工股权激励计划的相关内容需要在上市资料报批前决定。当市场上缺乏一个合理的参照标准时,或是非上市公司在确定股权激励计划时,由于行权价的确定没有相应的股票市场价格作为定价基础，可以采用测定法来确定行权价。通过对企业进行专业评估，以确定股权的每股价值，并以此作为股权激励行权价的确定依据。但实际上，并不存在一个能够精确计算出公司内在价值的公式，也没有人能准确地得到一家公司真实的内在价值。

我国目前一般使用每股净资产指标作为相应行权价的设定标准。此时，行权价＝授予日的每股净资产值。受益人的行权(税前)收入＝激励股权数量×(行权日的每股净资产值－授予日每股净资产值)。这样做的优点是能克服股市波动或定价机制低效率的影响，更客观地反映公司的当期经营业绩。但这种方法也有缺点，例如，财务指标反映的只是公司过去的经营业绩，可能会低估经理层的业绩；公司由于长期投资而带来的未来盈利能力无法体现，该办法可能导致短期行为，存在着管理层操纵财务会计指标的可能等。

为了提高测定法的效率，可采取以下改进措施：

第一，将受益人的增值收入延期兑现，部分转换为股权。如规定受益人的股票期权收入每年最多只能兑现 1/3，其余部分则转换为公司股权，由公司统一保管，离职时才发放。这部分股权受益人在任时只享有分红权，但不享有投票权。第二，加强离任审计。如果审计中发现经理层有弄虚作假等问题，不但没收股权，还要追索以前所发放的现金与分红，直至追究其法律责任。

此外，香港现有的购股权计划管理规则中并没有对购股权持有的最低时限，以及根据购股权计划授予的任何购股权可行使前须达到业绩的表现目标，这是由于西方企业在进行股权激励时，通用的评价指标就是公司股价，而公司股价作为评价指标的作用的发挥有赖于有效的资本市场，特别是完善的股票市场。因为完善的资本市场和股票市场能够客观地反映企业的经营业绩，确保经营者与投资者利益的一致。

但是，即使在堪称环境最好的美国，股价指标引起的股权激励问题也在不断涌现。在震惊世界的安然事件中，高管持股计划既没有产生正向激励性，也没能减少“内部人控制”，反而形成了一个特权阶层。这一阶层为追求自身利益，不惜做假账来抬高公司股价，从而套现股权获取暴利，给投资者带来了严重损失。美国管理大师德鲁克指出:"股市价值是最不可靠的标准,至多也是标准之一,而且受到众多其他因素的影响。"

针对这种情况,我们在 A 公司中采用如下方法:一是对于受益人行权安排上采用分批归属的方式;二是对于受益人行权附加其他业绩标准。对具有参与股权激励计划资格的员工进行年度考核,并根据考核结果调整受益人股权激励数量。其成功的关键在于业绩目标的确定,它要求必须先在公司内部建立比较科学的绩效考核制度,并严格执行。

六、按企业战略确定股价增长机制

股权激励之所以能调动员工的积极性,一个原因就是激励对象能够通过自身的工作努力影响激励成果的大小和实现概率。选取恰当的激励标的物,可以实现企业与员工的双赢。

确定激励标的物应综合考虑四个因素:第一,激励标的物必须与公司的价值增长相一致;第二,激励标的物的价值评定应该是明确且令人信服的;第三,激励标的物的数值应该是员工可以通过自身努力而影响的;第四,公开激励标的物时应不至于泄露公司的财务机密,这一条对非上市公司而言非常重要。

对照上述标准,结合某家公司所处的发展阶段及财务管理现状,我们选取销售额这一增长类指标作为股价变动的标的物。考虑到销售额增长率与净利润或净资产的增长率并非一一对应,结合该公司的历史财务数据,我们将股价增长率确定为销售额增长率的 60%(可由董事会根据当期实际经营情况予以适当调整)。假如目标年度销售额相对于基期销售额的增长率为 50%,则股价增长率为 30%。

定量——确定激励的数量

如何确定股权激励计划中的数量，如何确定对某个人才的激励水平，每个公司有其特殊性，可根据实际情况来确定，特别是对于上市公司，要报证监会和股东大会通过。对于每位收益人的股权数量基本上是按照职位来确定，如果公司在职位评估上相对公平，年收入水平基本上考虑职位在公司的价值和体现了个人能力，就可以根据年收入来确定股权比例。

股权激励数量也称股权激励水平，是指公司用于股权激励的股份数占总股本的比例，或者说具体给到某个人的股权数量。在利益趋同的效用下，一定的股权激励力度将对公司绩效产生正面的影响，这种正面影响将随着激励水平的增加而增加，即激励水平越大，公司绩效越好；在利益侵占的效用下，激励力度的大小将对公司绩效产生负面的影响，这种影响将随着激励水平的增加而减少，即激励水平越大，公司的绩效越差。因此，掌握好合理的激励比例对股权激励的最终效果产生重要的影响。

一个合理的激励水平，能充分调动管理层的积极性和能动性，并约束他们注重公司的长远发展，谋求股东利益的最大化；一个不合理的激励水平，少则不能起到应有的激励作用，多则激励过度，管理层滥用职权，为自己的私利服务。合理的激励水平与每个公司的个体情况息息相关，公司的治理情况不一样，相适应的激励水平就不一样；所处行业不一样，相适应的激励水平就不一样；所处发展阶段不一样，相适应的激励水平就不一样。另外，不同的规模、不同的企业性质和不同的外部环境都会对激励水平产生影响。

美国等西方国家用于激励的股权水平通常在10%—15%,从我国目前已实施股权激励的上市公司的股权激励水平来看,各上市公司激励水平也不等,比重最小的为0.34%(中粮地产),比重最大的为10%(隆平高科)。《上市公司股权激励管理办法》规定我国上市公司最大激励比例不得超过总股本的10%,个人激励的最大比例不得超过公司股本总额的1%。

由于激励水平在不同公司的巨大差异,对个体公司的激励水平确定就成为有效实施股权激励的技术关键。对此,我们首先要考察影响激励水平的决定因素。

目前,国内外公认的合理的股权激励水平主要是由企业的业绩、自由现金流、股权集中度及管理层的任期决定的。一般来说,管理层股权激励存在一个最优的水平,这个最优水平主要由公司的治理结构、企业规模及现金流量等因素决定。

一、股权激励的总量和个量

股权激励方案的规模有两重含义:一是指公司计划授予的股票数量;二是指每个激励对象获得的股票数量。

股权授予规模的确定有两个关键因素:一是计划授予的股票在公司总股本中所占的比例。二是公司设计的员工薪酬体系,决定员工从股权激励方案所获收益占员工总工作薪酬的比例。

不同公司所推出的股权激励方案中的股票数量所占公司总股本的比例是不一样的。像大连国际、隆平高科等公司用于股权激励的授予比例已达到《管理办法》规定的10%上限,而像华菱钢铁、天地科技用于股权激励的授予比例则为0.016 4%和0.061 9%。

2008年至2010年以来,从我国上市公司中实施股权激励的案例来看,股权激励的数量大体如表3-8所示:

表 3－8

行 业 背 景	公司数(家)	平均授予比例(%)	最高比例(%)	最低比例(%)
房地产业	14	3.06	5	0.866
建筑业	5	3.51	6.09	0.666
交通运输、仓储业	2	7.86	9.57	6.15
金融、保险业	1	1	1	1
农、林、牧、渔业	3	4.04	10	0.93
批发和零售贸易业	7	2.04	4.789 5	0.44
社会服务业	1	2.21	2.21	2.21
信息技术业	20	3.57	8.05	0.576
制造业	79	3.37	9.94	0.016 4
综合类	2	8.44	10	6.88

小微公司可以借鉴上市公司的经验，根据公司的实际情况，具体确定股权激励的数量。

目前，不管是从我国上市公司还是非上市公司来看，股权激励额度一般为3%—4%。从行业看，综合类、交通运输仓储业这两行业股权激励额度较高，占到当时股本比例的8%左右；金融、保险业股权激励额度比较低，仅占当时股本比例的1%。

从行业特点来分析：

(1) 推出股权激励方案的行业普遍存在竞争激烈、员工流动性较大的特点。为了留住核心人才，这类公司往往采取行之有效的激励方式对重要岗位的经营管理者和业务骨干进行激励。

(2) 现在的制造业(如机械、设备、仪表业、医药、生物制品业及电子业)的产品往往面向特定的客户群，产品具有量身定做的性质，差异性很大。员工与客户之间的关系属于专有资产，他们拥有的大量客户人脉是企业不可或缺的。为了和优质客户建立良好的合作关系，必须给予这些优秀员工继续留在公司工作的动力，因而需要对员工进行激励。

(3) 信息技术行业和房地产业拥有成长快、变化大、风险高的特点。因此，这些行业的公司对高层管理者的决策能力要求很高，要求管理者目光长远且避免短视行为，因而更需要对高层管理者进行有效的长期激励。

相反，在社会服务业、交通运输、仓储业和农、林、牧、渔业中，实施股权激励的企业非常少。这些行业普遍带有一定的垄断性质，进入屏障高，竞争强度弱，公司业绩和管理者的工作积极性、能力要求的相关性不如其他行业密切，所以，缺少一定的动力对管理层推出股权激励计划，实施股权激励的公司相对较少。

大多数公司都根据职位和工作业绩来确定每个激励对象的具体股权份额，职位级别越高，业绩越好，被授予的股票期权或限制性股票越多。信息技术业的部分公司和民营企业对核心技术人员的授予比例呈逐渐上升趋势。例如，浙富股份将100%的限制性股票全部授予对公司整体业绩和持续发展有直接影响的核心技术人员和业务骨干，未包含任何一名公司高管。

二、定量原则

目前，我国相关法律对股权激励的数量作出了明确规定：

(1)《国有控股公司(境外)实施股权激励试行办法》第十五条规定，上市公司任何一名激励对象通过全部有效的股权激励计划获授的本公司股权，累计不得超过公司股本总额的1%，经股东大会特别决议批准的除外。

(2)《国有控股公司(境外)实施股权激励试行办法》规定，在股权激励计划有效期内，高级管理人员个人股权激励预期收益水平应控制在其薪酬总水平(含预期的期权或股权收益)的30%以内。高级管理人员薪酬总水平应参照国有资产监督管理机构或部门的原则规定，依据上市公司绩效考核与薪酬管理办法确定。

这是对上市公司股权激励数量的规定，小微企业可以参考上市公司的做法。小微企业并不是公众公司，没有信息披露的义务，所以，对小微企业来说，确定股权激励数量的时候有很大的灵活性，但一般要遵循以下几条定总量的原则：

(1) 参照国际通行的期权定价模型或股票公平市场价，科学、合理地测算股票期权的预期价值或限制性股票的预期收益。

(2) 按照上述办法预测的股权激励收益和股权授予价格(行权价格)，确定高级管理人员的股权授予数量。

(3) 各激励对象薪酬总水平和预期股权激励收益占薪酬总水平的比例应根据公司岗位分析、岗位测评和岗位职责按岗位序列确定。

三、案例分析：定个量——股权激励对象评分系统设计

1. 评分系统要素与要素权重

表 3-9

要素种类	要素名称	要素权重
基本要素	岗位与职务	40%
	业绩考核	20%
	入职年限	20%
特殊要素	特殊贡献	20%

2. 各要素分值的设定

(1) 岗位与职务的分值设定。

表 3-10

岗位与职务(根据公司具体情况调整)	设定分值(分)
经　理	90—100
副经理	70—90
工程师、助理工程师、核心技术人员等	50—70
其他关键岗位	30—50

(2) 入职年限的分值设定。

表 3-11

入 职 年 限	设定分值(分)
8 年以上	90—100
6—8 年	70—90
3—6 年	50—70
3 年以下	30—50

(3) 业绩考核的分值设定。

① 分值上限为 100 分；② 以近二年激励对象月度(或年度)业绩考核平均得分作为因素分值。

(4) 特殊贡献要素的分值设定。

① 分值上限为 100 分；② 由管理层根据各个激励对象对公司的贡献情况确定。

3. 评分规则与激励对象在持股公司持股比例的确定方式

(1) 管理层集体为激励对象评分；

(2) 激励对象个人得分以 100 分为最高分，按如下公式计算：

$$个人得分 = \sum 要素分值 \times 要素权重$$

(3) 按全体激励对象得分情况划分档次，同一档次人员激励股权数量相

同。初步建议按激励对象得分情况分四档,每档激励股权总量和各档占全部激励股权的比例分别为:

以总人数 15 人为例。

表 3－12

项　目	第一档	第二档	第三档	第四档	合　计
按得分排名位置	1—3	4—7	8—11	12—15	15 人
各档激励股权总量	36 万股	40 万股	32 万股	28 万股	136 万股
单个激励对象股数	12 万股	10 万股	8 万股	6 万股	
每档所占比例	26.47%	29.41%	24.24%	19.88%	100%

4. 示例

(1) 激励对象个人得分的计算。

若管理层对员工张某的评分情况如下:

表 3－13

要素名称	要素描述	对应要素分值	要素权重	得　分
岗位与职务	总监	100	40%	40
业绩考核	95	95	30%	28.5
入职年限	10 年	100	10%	10
特殊贡献	贡献突出	100	20%	20
总　分				98.5

则张某的个人得分为 98.5 分。

(2) 假设张某得分在全部激励对象中排在第 2 位,则张某将获得的激励股权数量为 12 万股,张某在管理层持股公司中的股权比例为 8.82%(＝12/136)。

定时——确定股权激励方案的时段

一、发现企业的生命周期

股权激励制度本质上是一种市场化程度较高的比较有效和持久的促进企业长期健康发展的最佳薪酬机制，但目前我国一些企业在实施过程中存在很多问题。究其原因，既与中国资本市场不成熟有关，又与股权激励没有与企业生命周期相联系有关。因此，股权激励方案的制定应根据企业生命周期各阶段的特点来进行。

企业生命周期理论是人们运用生物学领域内的一些工具、范畴、原理和方法等对企业作仿生研究的结果。该理论认为作为生产组织的企业，无论其大小和性质如何，都表现出同生物一样的生命特征，即企业基本上都要经历一个酝酿、筹建、运营、发展、衰退直至消亡的过程。

1. 初创阶段

初创阶段指的是企业从开始筹建之日起至开始盈利这一过程所经历的时间。在这一阶段，由于企业刚刚诞生，社会和市场对其产品尚未接受，企业的营销能力比较差，导致其市场份额低，而企业对技术的创新和转化赋予了更多的注意力，企业的增长比较缓慢。因此，初创阶段的企业投入较大，产品的生产、营销成本较高；企业的收益较低或亏损。另外，企业各项制度尚不成熟和完善，管理水平低，致使企业的生存性弱，抵抗风险能力差，破产率也高。

2. 成长阶段

成长阶段是指企业开始盈利到盈利快速增长这一过程所经历的时间。在这一阶段,由于企业前一阶段的宣传和经验积累,产品品牌和企业名声日益提高,企业的营销能力也大大提高,导致其市场份额快速增长,企业创造力强,发明创造投入使用快,企业发展速度也快。因此,成长阶段的企业与初创期相比,固定资本投入相对减少,但流动资本的投入增加;产品的生产、营销成本也较高;企业的收益增幅较大。另外,企业的各项规章制度不断完善,组织结构也趋于稳定,企业素质得到全面提高。但企业也开始面临巨大的挑战,如股权资源优化、贡献利益分享、组织结构变革、专业化与多元化抉择以及文化冲突等。如果处理不当,可能使企业陷入重大危机。

3. 成熟阶段

成熟阶段一般是指企业保持利润最大化所经历的时间。在这一阶段,产品品牌和企业名声已深入人心,产销两旺,市场份额达到最大并稳定。但企业创新精神减退,思想趋于保守,企业发展速度减慢,甚至出现停止发展的现象。因此,该阶段企业的各种费用虽会进一步增加,但因销售额较大,单位产品成本会降低;企业的收益较大且稳定。另外,这一阶段,企业组织结构稳定,制度健全,企业素质良好。但此时是市场上企业竞争最激烈的阶段,企业必须通过提高产品质量等技术手段以及降价等策略巩固,再加上企业缺乏创新,内部关系复杂。所以,如果不能及时采取得力的措施予以纠正,很可能会危及企业的进一步发。

4. 衰退阶段

通常,大部分企业在成熟后期即出现衰退症状,即销售额和利润急剧减少,直至为零,甚至出现负债。进入衰退阶段的企业,大企业病日益严重;工艺落后,技术装备陈旧;产品老化;企业生产萎缩,效益降低;负债增加,财务状况恶化,最终不得不破产或关闭。总之,进入衰退阶段的企业的主要特征是企业规模过大,管理层次幅度增多,组织成本上升,官僚化现象出现;管理者的创新意识减弱,决策效率降低,缺乏多方位考虑决策。同时,企业销售额开始急剧下降，面临人才外流等问题，直到后期人心涣散，导致企业无法正常经营而倒闭。

针对企业生命周期的四个阶段，我们对不同阶段的股权激励建议如下：

在初创阶段，企业的目标是生产产品和在市场中求得生存。因此，通过激励能使全体员工激发出同甘苦、共患难、守得云开见日月的企业精神，在行动上努力创新，开拓进取。在激励对象上，由于开始创业人数较少，需全体员工集思广益，渡过难关，所以，激励范围应尽可能广泛，不仅包括企业的各级领导者，还要包括技术骨干，全体员工或主力员工。在激励方式上，应尽可能地考虑企业的长期发展，从而选择兑现时间久远的方式，另外，尽可能把需激励人员与企业捆绑在一起，如经营者、员工持股，股票期权等。在激励力度上，在企业生命周期四个阶段中应是最大的。在考核方式上，应重点考察激励对象在企业的生存能力和成长能力上所作的贡献。

在成长阶段，企业的目标是开拓市场，努力提高企业和产品品牌在客户中的知名度，树立良好的形象。因此，通过激励能使全体员工不仅在工作中感到愉快，在行动上更加勤奋，不断开拓进取。在激励对象上，由于企业规模扩大，人数较多，但处在不稳定时期，激励范围要比较广泛，如企业的各级领导者、技术骨干、主力员工。在激励方式上，与前一阶段相似，也应尽可能考虑企业的长期发展，从而选择兑现时间久远的方式，另外，也要根据企业的现实情况对企业作出贡献的人员给予切实的奖励，可以采取经营者/员工持股、业绩股票、股票期权等结合的方式。在激励力度上，应稍弱于前一阶段，强于后两个阶段。在考核方式上，应重点考察激励对象在企业的成长能力、盈利能力上所作的贡献。

在成熟阶段，企业的目标是坚守已有的市场，努力维护企业和产品品牌在客户中的知名度以及良好的形象。因此，通过激励不仅能使全体员工在工作中感到和谐愉快，而且对企业和自己的前景感到安全、放心，在行动上也更加热爱企业，努力工作。在激励对象上，此时是企业规模最大的时期，人数最多，且各方面规章制度健全，企业处在稳定发展时期，所以，激励范围不应再扩大。

在激励方式上，要把长期激励与业绩很好地结合起来，避免被激励者的短期行为，另外，要特别注意与企业的经营难度系数相联系，采取多种激励方法综合运用的策略。在激励力度上，如没有突出贡献，不应强于前一阶段，差距不应加大。在考核方式上，应重点考察激励对象在企业的创值能力上以及盈利能力上所作的贡献，考核指标应健全。

在衰退阶段，企业的目标是尽量延长企业的寿命，回笼资金。因此，股权激励应逐渐减少直至停止，而且应重点放在能使企业起死回生的重大行为上。在激励方式上和力度上，要视贡献而定，对于重大贡献者，可加大激励力度。在考核方式上，应重点考察激励对象生存能力上所作的贡献。

总之，由于企业的所有制性质、行业性质、经营模式以及地区范围都有很大差异。各种股权激励的方式方法各有优缺点，实行股权激励的条件和环境不完善。因此，在企业生命周期不同阶段上的企业，实行股权激励的方式方法不可一概而论，要量力而行，具体情况，具体分析。除此之外，对高新技术企业而言，即便是到了成熟期，其组织形态仍然是扁平化的。这就决定了其受股权激励的员工还是要占企业的大多数，而不像传统的大中型企业那样可将高管人员的股权激励、骨干人员的股权激励和员工持股计划分得很清楚。

二、股权激励中的时间

股权激励计划中涉及的时间主要包括有效期、授予日、授权日、等待期、可行权日、窗口期和禁售期。

1. 有效期

有效期是指股权获授人可以行使股权所赋予的权利的期间，超过这一期限，就不再享有这种特权。这个有效期没有统一的规定，一般在 2—10 年。如果要继续施行，就需要再次得到股东大会的批准。此外，如果公司控制权发生变化，已经发放的股权将立即提前全部行使，除非控制权变化后的董事会提供别的方案。一种情况是，股权获授人结束与公司的雇佣关系时，股权可能提前失效。由于股权激励计划的目的在于激励员工长期努力工作，因而它的有效期一般都较长。

鉴于股权在执行时通常都是分阶段实施的，在法规尚不太完善或计划正处于试点的国家，分期实施可能会遇到政策变动带来的负面影响。实务上，公司倾向于 3—6 年的有效期。国外许多公司在有效期中附加一些限制条件，以防止短期行为的发生。如：① 获授人必须缴纳股权总额 1%的押金；② 获授人行权的最短期限不得低于 1 年；③ 股权的行权数量在有效期内必须匀速进行或加速进行；④ 每次行权必须经过严格考核后才能进行。

在我国，股权激励计划的有效期从授权日计算不得超过 10 年。股权激励计划之所以会规定有效期，是基于以下几方面的原因：

(1) 法律规定。在美国，无论是股票期权计划还是员工持股计划，都有有效期的规定，前者最长是 10 年，后者最长是 5 年。我国相关法律法规也有这方面的规定，有效期最长不得超过 10 年。

(2) 激励中的约束。对激励计划设置有效期，就可以督促员工努力工作，争取在有效期内使公司的股价达到一个较高的水平。在这里，计划的有效期就相当于一个时间硬约束。

(3) 管理的需要。为激励计划设置有效期，便于计划的管理者统筹安排，规划授权时间表，预测员工行权期，从而提高计划的实施效率，降低实施成本。相反，如果一项激励计划没有到期时间，公司就要长久地在这一计划上配置人力、物力等资源，这会妨碍公司的工作效率和发展。

一般来说，计划都会规定一个硬性时间为到期日，这个时间可以是一个时点，如××××年××月××日；也可以是一个相对时期，如自授予起×年或自授权日起×年。

2. 决议日与授予日

决议日是指股东大会或类似机构通过股权激励计划的日期。授予日又称授权日，是指股份支付协议获得批准的日期。其中，根据《企业会计准则第 11

号——股份支付应用指南》的规定，获得批准是指“企业与职工或其他方就股份支付的协议条款和条件已达成一致，该协议获得股东大会或类似机构的批准”，达成一致是指“在双方对该计划或协议内容充分形成一致理解的基础上，均接受其条款和条件”。

需注意的是，在实践中，股东大会或类似机构的决议日未必就是权益工具的授予日。这是因为：① 按照《股权激励有关事项备忘录 1 号》的规定，若激励计划设定了授予条件，则授予日须确定在授权条件成就之后，而不能直接采用决议日；② 若公司的授予方式为分次授予，则应当区分不同批次的权益工具分别确定其授予日，而不能笼统地以首次的决议口作为所有批次权益工具的授予日。

3. 等待期与可行权日

如果公司在股份支付协议中设定了可行权条件，当可行权条件得到满足时，激励对象可行使权利、获取现金或权益工具。可行权条件得到满足的期间为等待期，激励对象具有行权权利的日期为可行权日。

对股票期权而言，等待期又称为行权限制期，在此期间内，激励对象不得行权购买权益工具对应的股票。对限制性股票而言，等待期又称为锁定期或禁售期。在此期间，激励对象获授的限制性股票不得转让或出售。对股票增值权而言，在等待期期间，激励对象不可以获得股票增值权对应的现金。

4. 行权日

根据《股份支付》准则的规定：“行权日，是指职工和其他方行使权利、获取现金或权益工具的日期。”对股票期权而言，行权是指激励对象按期权的约定价格实际购买股票；对限制性股票而言，行权是指激励对象转让或出售所持有的限制性股票；对股票增值权而言，行权是指激励对象从企业取得股票增值权对应的现金。

5. 行权期与到期日

行权期是指可行权日之后、期权到期日之前的期间。激励对象应在行权期内行权，超过行权期的，其权利自动失效，并不可追溯行使。对股票期权或股票增值权而言,行权期又称为行权有效期;对限制性股票而言,行权期又称为解锁期。

6. 有效期与到期日

有效期是指自股份支付协议获得批准之日起至期权到期日的期间。有效期满,已授予但尚未行权的权益工具不得行权。

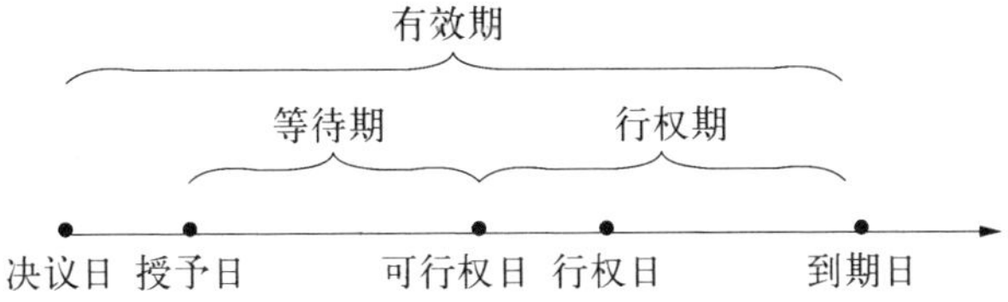

图 3.4 股权激励时间安排图示

三、如何定时、定周期

股权激励计划的有效期自股东大会通过之日起计算,一般不超过 10 年。股权激励计划有效期满,公司不得依据此计划再授予任何股权。

(1) 在股权激励计划有效期内,每期授予的股票期权均应设置行权限制期和行权有效期,并按设定的时间表分批行权。

(2) 在股权激励计划有效期内,每期授予的限制性股票的禁售期不得低于 2 年。禁售期满,根据股权激励计划和业绩目标完成情况确定激励对象可解锁(转让、出售)的股票数量。解锁期不得低于 3 年,在解锁期内,原则上采取匀速解锁办法。

综合企业的战略规划期、员工的心理预期、工作性质确定激励周期。

(1) 作为支撑企业战略实现的激励工具,股权激励的周期应与企业的战略规划期相匹配。

(2) 股权激励旨在通过解除员工的后顾之忧来赢取员工的忠诚,过长的激励周期会弱化激励效果,无法调动员工的参与欲望,但过短的激励周期也会使一部分员工萌生投机念头。

(3) 企业之所以采用股权激励,是因为某些岗位的工作成果无法在短期内呈现出来,所以,股权激励的周期设置还应考虑激励对象的工作性质。

为了清楚表明股权激励计划中定时、定周期的重要性,以下分享一则案例。

目前,百度(BAIDU)裁员事件被炒得满城风雨,其深层次的根本缘由不是被媒体称为"闪电裁员"的当日交接政策,也不是对 N+1 的离职补偿的质疑,而是期权! 正是拥有期权的离职员工后续期权被取消,才引发了激烈的情绪宣泄!

作为一个员工,如果不再为企业工作,企业将不再给发工资,这一点可以理所当然地为大家所接受,没有人会对此有不满和质疑。对大多数企业员工来说,比较陌生的股票期权,当员工不再为企业服务的时候,企业终止期权的归属,这个也应当是理所当然的道理,为什么就难于为大家所认同和接受呢?

期权不是一种公司福利,也不是每个公司都有的薪酬项目。作为一种长期激励计划,股票期权旨在吸引和激励员工为企业长期服务。说白了,就是为了预防员工主动离职,降低离职率,因此,业界也将期权计划称之为"金手铐"。但从另一方面讲,当企业主动终止与员工的劳动关系时,同时收回这个"金手铐",也是合情合理的选择。

对如百度这样的成长型企业而言,当初在授予员工期权时,由于对上市的时间和上市后的股票表现都无法准确预期,无法把期权在支付给员工的薪酬包中准确计算,即员工的工资奖金按市场薪酬水平支付,期权只是额外的薪酬激励项目。而这些持有所谓"原始股"的员工,在上市后的收益完全可以说是在预期之外的收入。

同时,期权作为一种增值收益权(当股价高于授予价才能有收益),对发放它的企业而言,是有成本的(以授予价计算成本),而对接受它的员工而言,则不需要成本投入(当股价低于授予价,员工可以选择不行权)。因此,假设当员工被企业辞退时,股价低于授予价,员工收益为负数,员工是否会仍然要求企业对期权进行补偿呢?再假设企业同意所授予的期权仍然有效,则员工就需要立即支付行权成本(授予价乘以期权数量),将期权变成真正可以交易的股票持有。试问,是否会有人在离职时提出这样的要求,花比市场股价更高的钱买下一笔不知道什么时候能赚到钱的股票。

此外,企业在授予员工期权时,都会规定一个行权计划,即在多长期间后期权可以归属于员工。假设授予期权为100股,分期4年归属,即当员工自授予日起在企业工作超过1年,则可以归属25股期权;工作超过2年,则可以累计归属50股期权,直至4年后,100股期权全部归属于员工。员工只能对已经归属的期权行权,通过交易差价(市场交易股价与授予价的差额)获取收益。

由此再假定,当企业在辞退一个自授予期起已经连续工作两年的员工时,同意将还未到期的剩余50股立即归属给员工。那对同期被授予期权而仍然在职的员工而言,这显然是一种不公平。因为在职员工需要继续为企业服务两年才能享有剩余的50股进行交易获取收益,离职员工则可以立即拥有剩余的50股而获取收益。

再假定被辞退的员工不是立即拥有未到期的期权,而是让期权协议仍然有效,直到两年后自然归属,以保持和在职员工的一致。这就更是一种不公平,假设在未来两年中企业因业绩突出股价上升,这位已经离职的员工则可以分享这家企业的业绩成果。而这两年他实际上在为别的企业工作,这显然更是荒谬的。

因此,在员工离职时,立即终止期权协议,取消未到期的期权归属,是一种合情合理的规定。每一家实施期权计划的公司都会这样操作。这种规定的实质其实反映了薪酬激励的一个重要原则——公平原则。

第四章◎行权的考核和退出机制

行权的考核——业绩指标分析

股权激励作为一套完整的激励约束机制，包含激励模式、业绩考核指标、激励对象的范围、分配依据、购股资金来源、激励标的来源、授予/行权价格、授予/行权数量等要素。无论选取哪种激励模式，其中的业绩考核指标问题都是股权激励得以实施的基础和前提。公司股权激励中的业绩考核指标问题的核心包括两方面：一是业绩考核指标的选取，二是业绩考核指标值的设定。

指标选取和指标值设定的科学与否，直接决定了小微企业股权激励的实施成效。股权激励作为企业所有者对经营者进行长期激励的有效方式，有助于实现企业经营者的目标与企业所有者的目标最大限度地保持一致，保证企业价值的持续增长。科学的激励机制必须建立在对经营者经营业绩客观、公平、公正评价的基础之上。通过业绩考核，可以将经营者和所有者的利益紧密地结合起来，实现激励和约束的有效互动，使股权激励能真正起到为企业的长远发展保驾护航的积极作用。

一、合理业绩考核的意义

1. 有利于构建股权激励的完整价值评价体系

价值评价作为股权激励机制的重要环节，其实施的成败与否直接关系到股权激励的最终效果。公平、公正、公开的价值评价体系是激励对象非常看重的因素。公平性对经营者有着非常显著的行为导向作用，如果经营者对报酬的公平性产生怀疑，就会产生机会主义倾向。同时，对代理人的奖惩必须基于对代理人业绩的评价。业绩考核不仅影响到激励机制的构建，也将对激励机制的效果产生重要影响。因此，业绩考核对构建完整的价值评价体系起着非常重要的作用。

2. 有利于实现激励与约束的有效互动

股权激励必须建立在业绩考核的基础之上，体现激励与约束相结合的原则，有利于防止激励对象的机会主义倾向和“道德风险”。业绩考核依据考核指标进行，由公司的薪酬与考核委员会进行评价。薪酬与考核委员会在日常经营活动中对经营者行为进行跟踪，一旦发现经营者有损害企业利益的行为，会及时采取措施，并将这一危害行为反映在经营者的年度业绩中。这样可以促使经营者自觉地将业绩考核作为约束自身行为的制度规定，注意自己的经营活动对企业绩效的影响，从而保证公司业绩的提高。通过经营者业绩考核所形成的考核分析报告，可以作为经营者激励约束的依据。企业不仅可以利用考核结果对经营者进行激励，也可以利用其约束和惩罚，实现激励与约束的有效互动。

3. 有利于公司治理结构的优化

通过建立公平、客观的业绩考核体系，促进企业规范公司股东会、董事会、监事会和经营管理者的权责，完善企业高管的聘任制度。依据业绩考核结果，股东会决定董事会和监事会成员，董事会优选经营者，经营者有效行使内部管理权力的公司治理机制。

4. 有利于保障企业经济效益的实现

在股权激励中进行业绩考核，建立科学的业绩考核指标，根本目的在于提高企业的经济效益，改善企业的管理水平。在企业内部建立起完善的业绩考核制度，将目标明确分解并层层落实到激励对象个人的业绩中，在实现个人利益的同时，企业的经济效益也得以实现。

二、业绩考核指标的构成和选取

股权激励中的业绩考核指标包含两部分内容：一是考核指标的选取，二是考核指标值的设定。股权激励计划一般会设置计划实施、获授、授予条件和行权、解锁条件。它们都包括两类指标，一是公司层面的业绩考核指标，多为财务性指标；二是个人层面的业绩考核指标，根据每个人的工作特点设置不同指标。由于个人层面的业绩考核指标多为定性指标，本节主要探讨公司层面的财务性业绩考核指标。

表 3－15　财务性业绩考核指标

业绩考核条件		指　标　示　例
计划实施条件、获授条件、授予条件	公司层面	净利润增长率、净利润、加权平均净资产收益率、加权平均净资产收益增长率、主营业务收入增长率、主营业务收入、市值等
	个人层面	业绩表现、工作态度、学习能力等
行权、解锁条件	公司层面	净利润增长率、加权平均净资产收益率、主营业务收入增长率、市值等
	个人层面	业绩表现、工作态度、学习能力等

无论采取什么指标，都要遵循两个原则：一是考核指标必须与企业的发展阶段相适应，使激励计划为企业战略目标的实现服务；二是公司层面的考核指标与个人层面的考核指标必须保持一致，以增强股权激励计划的有效性。

三、业绩考核指标的设定

业绩考核指标值的设定需要根据企业所处行业的特点及企业自身的特点

科学设计。研究表明,目标难度适中时,人们完成这一目标的动力最强,如果目标定得太高或者太低,都会降低人们的动力。因此,制定业绩考核指标值时,需要考虑实现该指标的难度,结合企业所处行业特点、所处的发展阶段。参考行业平均水平在同一考察期进行横向比较,参考企业的历史业绩进行纵向比较。例如,在计划实施、获授、授予条件中设置不低于公司前三年业绩平均水平及同行业公司业绩 75 分位值的业绩考核指标;在行权、解锁条件中设置不低于同行业公司业绩 50 分位值的业绩考核指标。

纵向比较的优势是简单直观,劣势是很难区分业绩的取得究竟是因为行业的因素还是激励对象努力的结果,特别是强周期性行业。甚至导致不该激励的反而得到了激励,该激励的却没有得到激励。横向比较的优势在于过滤了行业整体性的因素,主要突出激励对象的绩效贡献,很大程度上能做到有效激励,更为科学。其劣势是操作起来相对复杂,需要收集同行业可比公司的一些数据。

(一) 主要业绩考核指标

目前,在实施股权激励的公司中,通常采用以净利润增长率、净资产收益率和市值等作为参照对经营者的业绩进行考核。一般在年初由董事会与高级管理人员协商确定一个业绩目标,年终采用诸如净利润增长率、净资产收益率等指标进行业绩评价,并根据业绩目标的实现程度来授予股票期权。这也是监管部门、公司、股东都易于接受的考核依据。

在制定股权激励计划的过程中,公司既可以选择某一个业绩考核指标,也可以选用多个指标组合。由于单一指标不能全面地、多角度地衡量公司的价值增长情况,因此,组合指标的效力优于单一指标。

1. 净资产收益率指标

净资产收益率是指企业一定时期内的净利润与股东权益的比率。该指标反映投资者投入企业的自有资本获取净利润的能力,突出反映投资与收益的关系,是评价资本收益的核心指标,也是国际上通用的业绩考核指标之一。它的优点包括：① 简洁明了，程序简单；② 综合性较强，既可通过增加收入、降低成本来提高投资报酬率，也可通过减少投资额来实现；③ 具有横向可比性；④ 有助于引导企业提高管理水平和资金使用效率。

当然，作为一个传统的会计基础业绩指标，净资产收益率也不可避免地有一些不足：① 易于受到操纵，通过对净利润或净资产的调节来满足考核条件；② 过分关注企业盈利性，容易导致企业的短期行为取向；③ 不能反映对股东财富的绝对贡献值。

2. EVA 指标

作为通行的公司业绩考核指标之一，经济增加值(Economic Value Added, EVA)是由美国的 Stern Stewart 财务咨询公司注册拥有的业绩考核指标。经过 20 多年的发展，该指标在世界许多大公司(如可口可乐、索尼、西门子等)得到了广泛应用。EVA 被正式引入中国是在 2001 年，Stern Stewart 咨询公司在上海设立了分公司，并开始对中国的上市公司进行 EVA 排名。之后，EVA 理论在中国企业中逐步推行。

经济增加值是指公司税后净营业利润扣除资本成本之后的资本收益，即投资者所得到的超过必要回报之外的超额回报，是对投资者获得超过公司资本成本的经济回报的评价，是衡量公司是否创造经济价值的一项指标。由于 EVA 真实地反映了企业为股东创造财富的多少，因而被称为现代公司管理的一场革命。

根据 Stern Stewart 公司对 EVA 的解释，其内容主要包括以下四个方面：

(1) 评价指标(Measurement)。EVA 作为一种度量公司业绩的指标，通过对传统会计信息进行的一系列调整，消除会计运作产生的异常状况，并且直接地与股东财富相联系，与企业发展的真实状况更加吻合。

(2) 管理体系(Management)。建立基于 EVA 的财务管理系统，可以涵盖所有指导营运、制定战略的政策方针。在 EVA 体系下，管理决策的所有方面全都囊括在内，包括战略企划、资本分配、并购或撤资的估价、制定年度计划等。

(3) 激励制度(Motivation)。建立基于 EVA 的现金奖励计划和内部杠杆收购计划，可以使经理人员和员工像股东一样得到报酬。在 EVA 奖励制度下，管理人员为自身谋取更多利益的唯一途径就是为股东创造更大的财富。

(4) 理念体系(Mindset)。在 EVA 制度下，所有财务营运功能都从同一基础出发，为公司各部门员工提供了一条相互交流的渠道。EVA 体系在我国公司推行时，应特别强调将 EVA 作为新血液注入公司管理文化中，而不是作为单纯的业绩考核指标和薪酬激励的基准。

EVA 业绩考核指标与传统业绩考核指标(如净资产收益率)相比较，有以下优点：

(1) EVA 的基础是股东价值最大化，有利于考核指标体系与企业经营的基本目标统一起来，它可以很直观地反映出公司的价值变化。考虑资本成本是 EVA 指标最具特点和最重要的方面。公司经营的目的就是使投入的资本最大限度地增值。当获得资本后，公司利用该资本所获得的收益率必须超过使用这些资本的成本，这样资本才能得以增加，公司价值、股东的财富才会增加。EVA 通过考虑所有资本的机会成本，表明一个公司在每个会计年度所创造或损失的财富数量，突破了传统会计评价方法的局限性。如果股东期望他们的投资回报率为 10%，公司只有在税后利润超过权益资本的 10%时才真正盈利(向股东提供除成本补偿之外的超额利润)，股东财富才能真正增加。相比传统会计评价指标的不足，EVA 揭示了价值创造的三个基本因素：现金流大小、时间因素、风险因素。在所有的财务指标中，EVA 能够最好地解释股东价值的创造过程。

(2) EVA 涵盖规模与投资回报率，从而避免单一的以规模(利润或利润增长)或以资本回报率来片面地对公司业绩和价值进行评价。EVA 明确地指明了企业的经营风险和财务风险，使投资者能够判断投资回报的数量和回报的持续性。另外，EVA 能够比较准确地反映企业未来现金流的创造能力，并促使企业降低运营成本，增加企业价值。

3. 市值指标

从广义上讲，市值指标应当包括市值、市值增长率、股票价格、股票回报率、股票回报波动率、市盈率等市场基础业绩指标。从狭义上讲，市值指标就是特指公司市值，即股价×总股本。

市场价值(以下简称市值)作为企业内在价值在资本市场的外在表现形式，市值考核和股权激励计划已在欧美等发达国家的大型上市公司中得到普遍实施。据资料统计，全球排名前 500 位的大型工业企业中，1986 年已有 89％的公司实行了经理股票期权制。1990 年以后，这一比例仍在上升，而且范围也迅速扩大到中小型公司。目前，全美企业用作认股权配额的总股值已由 1985 年的 590 亿美元猛增到 1 万亿美元，获得股票期权的人员也由高级经理人员扩大到普通员工。1997 年，标准普尔 500 家公司中有 83％的大型企业、70％的中型企业、69％的小型企业采用市值考核和股票期权为主的激励制度。

长期以来，由于股权分置，股票市值与上市公司及其大股东并没有多少直接利益关系，上市公司对管理层的考核主要集中在盈利业绩上，集中在净资产的增值上。进入全流通时代后，上市公司大股东与小股东的利益关系趋同，市值对所有股东都具有共同的意义。因此，人们在重视业绩增长的同时，也越来越重视市值的增长。上市公司管理层的绩效考核办法必须优化，市值作为一个新的指标应该引入考核体系成为大家的共识。随着政策环境和市场环境的逐渐成熟，越来越多的上市公司正在或已经将市值作为业绩考核的一个重要指标。

对于未上市公司来说，公司市值很难有固定的衡量方法，所以，市值指标方法在拟上市公司股权激励考核指标的设定上意义不大。

四、选择业绩考核指标的思考

股权激励被认为是经理人员的“金手铐”，用捆绑在一起的利益关系把经理层和公司股东利益最大化的目标联系在一起。股权激励在中国越来越流行,越来越受到管理层的重视,要做好股权激励,选择恰到好处的业绩考核指标是门很大的学问。

(一) 制定业绩考核指标存在的问题

截至2012年12月31日,沪深A股2000多家上市公司中,公布股权激励方案的有128家。通过对这些公司股权激励业绩考核指标设定的梳理,我们发现这些公司的业绩考核指标中最常用的指标包括净资产收益率/加权平均净资产收益率、净利润增长率、主营业务收入增长率、净利润、每股收益、净资产现金回报率、营业收入增长率、市值、市值增长率、股价、主营业务利润增长率、新产品销售占主营业务收入、科研投入占主营业务收入、非利息收入比例、准备金覆盖率、不良贷款率和资本充足率。

通过梳理,我们发现公司在制定业绩考核指标时存在以下问题。

1. 传统业绩考核指标的选取比例过高,短期性、功利性倾向严重

传统业绩考核指标(如净资产收益率/加权平均净资产收益率、净利润增长率)的比例过高,说明大部分公司更倾向于以传统的会计考核指标作为股权激励的考核依据。传统的会计考核指标操作简便,可比性强,但也有其不可避免的不足,如易于受到操纵,通过对净利润或净资产的调节来满足考核条件;过分关注企业盈利性,导致企业的短期行为取向;不能反映对股东财富的绝对贡献值等。这些问题都不利于股权激励效用的有效发挥。

2. 基于行业特点的考核指标选取比例明显偏低,不利于企业吸引行业高端人才和长远发展

股权激励作为一套吸引和留住人才的有效工具,理论上讲适用于所有行业的企业。但是,由于股权激励对行业的高端人才(特别是知识密集型和技术密集型行业的高端人才)吸引力更大。因此带有较强的行业属性,需要根据行业的自身特点来科学地选取考核指标。目前,这类公司很少有结合自身行业特点来设计考核指标的,绝大部分企业并没有根据自身的行业特点来合理选取考核指标,对吸引行业高端人才和企业的长远发展不利。

3. 横纵向对比的指标值设定缺乏挑战性和前瞻性

股权激励方案的出台，是为了更好地面向未来的竞争。因此，业绩考核指标值的设定理应具有足够的挑战性和前瞻性，以更好地牵引企业的发展。但事实却恰恰相反，绝大部分企业的业绩考核指标值，只是横向在行业平均水平的基础上微小浮动，纵向在自身历史业绩的基础上同比增长，很少结合自身实际与行业特点设定有挑战性和前瞻性的指标值。其中的重要原因是企业缺乏足够的认识，仍然将股权激励作为一套简单的薪酬激励，缺乏主人翁意识。

很多公司因为股权激励业绩考核指标不合理，或者没有设定有效合理的业绩考核指标，从而导致公司利益和投资人受损。即使在推行股权激励最成功的美国，也出现了上市公司高级管理人员采用违规手法虚报营业收入和利润的丑闻，其中以安然事件最为典型。客观现实使证券监管部门加强了股权激励的事后检查。

中国证监会在《上市公司股权激励管理办法》中规定，如果上市公司的财务会计文件有虚假记载的，负有责任的激励对象自该财务会计文件公告之日起 12 个月内由股权激励计划所获得的全部利益应当返还给公司。因虚构业绩、操纵市场或者进行内幕交易而获取不正当利益的，中国证监会依法没收违法所得，对相关责任人采取市场禁入等措施；构成犯罪的，移交司法机关依法查处。

制度虽对虚构业务面临的重罚有了明确规定，但对具体业绩指标的选用并无更细致的说明。我们在股权激励实践案例中发现，即使不通过虚假业绩，仍然存在较多“操控业绩条件”的合法策略。

目前，各公司对股权激励业绩考核条件的规定千差万别，其中，净资产收益率、净利润增长率、股价增幅是常用指标，有的还将这些指标综合采用，以应对上市公司、各类别股东对自身利益的不同诉求。除此之外，在业绩增长的确定方式上，各方案也存在明显不同。既有将每年的业绩指标采用固定值的（如农产品），也有采用定比增长率的（如鹏博士和上海家化），还有采用环比增长率的（例如，泸州老窖的股权激励方案中要求 2007 年、2008 年净利润环比增长率不低于30%,晨鸣纸业提出未来几年的复合增长率不低于20%)。上述三种业绩增长确定方式都具有其合理性,但对持续成长的企业而言,采用环比增长率可能更易被股东所接受。

因此,合理选用业绩考核指标体系,并选定适合于企业自身的业绩增长确定方式,不仅能真实地反映管理团队为获得股权激励而作出的努力,也更能得到监管部门与投资者的认可。这是股权激励方案成功的重要因素。

(二) 业绩考核指标选择应遵循的标准

为了客观地评价企业业绩,决策者需要从众多的评价指标中选择最适合本企业的业绩评价指标。如果没有一个选择业绩评价指标的标准,这对于他们而言是非常困难的。因为每一个业绩评价指标有其产生的背景,在评价业绩时既有优点又存在着局限性。没有一套适合所有企业的业绩评价指标,最优的业绩评价指标组合是相对于特定企业而言的。因此,管理者在选择业绩评价指标时需要一个标准,这个标准就是业绩评价指标的质量特征及设计要求。

1. 业绩评价指标的设计原则

根据新时期企业面临的经营环境、战略目标、战略管理的要求,考虑到指标体系的可执行性。在设计衡量经理人员业绩的评价指标时,应遵守下述原则:

(1) 与战略目标相一致。企业的战略管理过程一般包括:确定经营领域并提出企业未来在该领域的战略任务;将战略任务转化为具体的战略目标;设计实现战略目标的具体战略;有效地实施所选定的战略;评价业绩,研究现状并采取调整行动。企业业绩评价系统的目标就是为管理者制定最优战略及实施战略提供有用信息,成功的业绩评价系统能够在企业战略管理的各个阶段发挥重要的连接纽带作用。

显然,这些作用的实现依赖于从业绩评价系统的目的出发,使该系统的最初设计与实际实施都符合企业发展战略的需要,并反映企业战略规划的重点。

例如,在企业发展初期,所有者致力于扩大市场份额,对利润基础的考察要下降,而倾向于销量基础来评价。如果侧重于迅速提高利润,以达到上市或其他目的,则倾向于产业基础评价。因此,业绩评价本身不是目的,为了在不同的形势下实现不同的战略目标,评价者会选择不同的业绩评价标准。尽管由于不同评价对象有不同特点,应当设计不同的评价指标,但仍应确保通过各种评价指标,实现对不同评价对象的评价目标都统一于企业业绩评价系统的总体目标。

(2) 反映关键成功因素。关键成功因素与特定企业以及特定企业的不同时期相联系。每个企业的关键成功因素不同,而且会随着竞争状况及其他环境因素的改变而改变,各个企业的关键成功因素在不同阶段也是不相同的。通常情况下,在一定时期内,每个企业的关键成功因素很少超过 3—4 个,常常只有 1—2 个是最重要的。因此,企业管理者必须对关键成功因素进行准确判断,抓住最重要的关键成功因素。

西方学者研究表明,关键成功因素的类型有：与技术相联系的关键成功因素;与制造相联系的关键成功因素;与经销渠道相联系的关键成功因素;与市场营销相联系的关键成功因素;与技能相联系的关键成功因素;组织能力;其他类型的关键成功因素。为了达到战略目标,企业必须聚焦于其中某些方面,分析者可采用递阶分解法引出影响战略目标的各种因素及影响这些因素的子因素。根据企业现状对各成功因素进行评价来确定关键成功因素,并在此基础上设计科学的评价指标体系。

(3) 各指标之间的互补性。一般来说,每一项业绩评价指标在评价某方面业绩的同时,忽视了另一方面的业绩,或要受到其他方面业绩的影响。因此,在选用某一项指标作为评价某方面业绩的主要指标时,需要其他指标作辅助分析。例如,净资产收益率是反映获利能力的主要指标,但它仅仅反映获利能力的一个方面,不能反映企业总资产的平均获利能力,因此,需要其他指标进行补充。

(4) 可预测性。业绩评价讲述的是过去的故事,而通过业绩评价来判断企业业绩的未来趋势,是制定和调整企业战略的重要信息需求,也是业绩评价的主要目的,因此,业绩评价指标应当选择那些可确定的因素。对被评价者来说,基本上可以通过主观努力改善指标结果,或者是可以区分主观因素、客观因素影响的指标。

(5) 可理解性。所选用的指标应该能够被评价者理解,这样被评价者才能明确个人的行为如何影响指标的变动,知道通过自身的努力改善和提高业绩指标。

(6) 可操作性。可操作性主要是指指标项目有关数据收集的可行性以及指标体系本身的可行性,如果过于详细,则会导致繁琐。可操作性是设置业绩评价指标时必须考虑的一项重要因素。离开了可操作性,再科学、合理、系统、全面的业绩评价指标体系也是枉然。

(7) 成本——效益原则。有些评价指标项目固然很有用,但如果为获取该项指标数据所花费的成本大于其所能带来的利益,一般应采取放弃该项指标,转而用其他成本较低的替代指标项目。但是,如果该项指标很重要,在指标体系中是不可或缺的,则仍应进行该项指标的收集工作。

2. 业绩评价指标的质量特征

业绩评价指标的质量特征是指评价指标为实现业绩评价体系的目标而应当具备的质量要求。企业所选择的业绩评价指标必须与企业战略相关,与企业外部环境相协调,与企业内部的组织结构和企业文化相配合。并能适应企业经营特性的要求,具备完整性、客观性、可比性、预测性、可理解性与可操作性,有利于企业组织和个人的学习,并能够灵活地进行增减调整。

业绩评价指标的选择主要有两种不同的方式:一是选用单一指标,另一种是采用多项指标。通常,每一部门均可选出一项与其主要活动最具相关性的指标,如销货额、净利率、单位成本、目标完成程度、组织成长及稳定等,来表达其经营活动。单一指标简单且易于了解,但它不全面,无法用以评价企业各层面的业绩,并且在选择时难以避免主观因素。当前,企业为了增进评价的全面性和客观性,多数采用多项指标,但应使用何种指标组合看法却不尽一致,一方面是由于评估对象与范围不同;另一方面则是由于组合的选择本身也是主观的。以多项指标来评价企业业绩,在理论上确有其优越性,但在应用上也有不少限制。例如,在指标的选择和各项指标权重的确定上存在着主观因素,选择的评价指标以及各项指标的权重不同,得出的评价结论也会有区别;指标越多,越难于将其在同一基础上量化;各项指标间可能存在互斥性等。

因此,在选择业绩评价指标时必须具备以下质量特征:

(1) 相关性。有效的评价指标应是战略目标实施计划的分解,评价指标的选择必须保证战略目标计划的完成。财务业绩的评价应能使企业各部门积极争取部门成绩,同时与企业总目标相配合,而无抵触的情形出现。以盈利作为业绩评价的指标为例,企业的费用按各单位的营业额比例分摊,则可能使部门牺牲部分获利较低的销售,以减少所分摊的费用。其结果是,部门虽可获得较高的盈余,但企业的整体盈余却将因此降低。并且以盈利为评价指标时,企业大都不愿从事研究发展,以免增加当期费用。有时甚至将尚可利用的资产予以变卖,以获得售价与成本的差额。这些都有损企业的长期利益,不利于企业战略目标的实现。评价指标具有引导人们行为的功能,因此,设计的评价指标应能使各单位在追求自身业绩的同时,也在为实现企业战略目标作出努力。

(2) 客观性。选择评价指标时,应尽量以可验证的根据及资料为依据,使业绩的评价能做到不偏不倚,尽可能避免或减少误差与失真。事实上,有些项目较易获得证据以资验证,故较客观;有些项目则不易求得,如研究发展、社会地位等项目,较难客观。企业评价时,应尽量以充分客观性的资料来进行,但不能因此而限制业绩评价的范围。

(3) 全面性。评价指标体系应能完整、全面地体现企业经营业绩的各方面情况,实现对企业业绩综合体现的效果。

(4) 可比性。业绩评价指标的可比性主要包括与预算的比较、与企业不同时期的比较、与行业平均水平的比较、与竞争对手的比较等。在制定战略目标时,企业的优势和弱点通过与竞争对手比较来判断;企业报酬激励机制的实施通过与预算比较进行;企业在行业中的竞争地位通过与行业平均水平比较确定;企业的发展变化趋势通过与企业不同时期的比较确定。业绩评价指标应当具备全面的可比性。

(5) 适应性。业绩评价指标要与企业战略目标相融合,反映战略实施的要求。由于企业所处的内外环境存在着较大的不确定性,企业战略将随环境的变化进行调整。因此,良好的业绩评价指标体系应该对公司战略调整及内外部环境变化十分敏感,能够根据需要适时进行调整,以适应各方面变化的要求。

五、案例分析——如何选择业绩考核指标

案例 1:伊利股份业绩考核指标失败案

时间回到 2008 年,一直绩优的伊利股份突然发布了业绩预亏公告,让众多股民措手不及,其股价也应声跌停。但当年伊利的亏损既在意料之外,也在情理之中。

伊利公告说,2007 年前三季度,伊利股份实现净利润 3.3 亿元,但这部分利润无法抵消股权激励的会计处理带来的损益额度,因此,伊利 2007 年度亏损成为既定事实。造成伊利亏损的原因正是当初受到市场资金热捧时的题材——股权激励。因实施股权激励计划导致原来可实现盈利的公司出现亏损,这实在是开了一个天大的玩笑。

到底是什么样的股权激励方案能让一个绩优股亏损?

实际情况是,2007 年度伊利股份所赚取的利润连支付给该公司股权激励的成本都不够。也就是说,该公司 2007 年所赚的钱,全部分给该公司高管及其他激励对象还不够,而留给该公司及广大投资者的就是利润亏损。

之所以会出现这种现象,原因在于伊利股份在股权激励方案的设计上出了大问题,这份股权激励方案把股权激励门槛定得太低。伊利股份股权激励的行权条件主要为:首期行权时,伊利股份上一年度扣除非经常性损益后的

净利润增长率不低17%,且上一年度主营业务收入增长率不低于20%;首期以后行权时,伊利股份上一年度主营业务收入与2005年相比的复合增长率不低于15%。这样的行权条件在上市公司中实在是小菜一碟,简直就如白送一般。尤其是首期以后的行权,甚至不考虑净利润增长的因素,如此一来,就算2007年伊利股份的利润出现亏损,但只要主营业务收入与2005年相比的复合增长率达到15%,该公司的股权激励同样还符合行权条件的要求。与之相对比,2004年蒙牛上市前,与大摩等风险投资签署了一份“对赌”协议:即蒙牛要在未来3年内年盈利复合增长率达到50%,否则,蒙牛管理层就必须将所持7.8%的公司股权(即7 830万股)转让给大摩等外资股东。伊利股份股权激励门槛之低由此可见,这也正是出现伊利股份股权激励导致公司亏损的原因所在。

所以,公司在设计股权激励时,一定要非常重视股权激励方案的设计,不要闹出像伊利股份这样的天大笑话。

案例2:安然公司覆灭的警示

一个好的股权激励方案能促进企业的发展,一个坏的股权激励方案能把企业推向深渊,安然公司的覆灭就带给我们这样的启示。安然公司曾是世界头号天然气交易商和美国最大的电力交易商,年收入近千亿美元,在全球500强中排名第七。公司的股价最高曾经达到每股90美元,市值在700亿美元左右。但是安然高管在财务上造假,尤其是在股权上玩起了猫腻,最终走向了万劫不复的深渊。

为应对竞争,安然公司从1988年开始采用股权激励制度。激励标的物为股票期权和限制性股票。激励对象包括管理人员、雇员和董事会中的非执行董事。股票期权的授予价格是根据期权授予日的安然股票价格和其他因素来决定的,但不低于授予时的股票公平市场价值。限制性股票从授予日的4年后赠与,但根据公司相对于标准普尔500年度累积股东报酬的情况,可以采取加速赠与过程。激励有效期的最大期限为10年。

安然公司早期的股权激励计划在美国联邦能源监管委员会放开价格管制以及美国能源市场竞争加剧的情况下维持了盈利稳定。但1997年后,安然公司的高管人员铤而走险,利用股权激励方案设计中的漏洞,制造关联交易,并使用衍生工具等眼花缭乱的财务手段来“创造”利润,为自己巧取豪夺。

具体表现为如下几点:① 业绩考核机构缺乏独立性,薪酬委员会基本被高管人员所把持;② 业绩考核方法有问题,安然公司在签署一份长期合同时,就将预计给公司带来的所有收入提前登录到账目上面去,从而使高管可以利用财务手段调节利润,达到快速获赠股权、攫取最大利益的目的;③ 行权安排有问题。安然的高级管理层不断利用他们的股票期权,赚取数额惊人的美元。董事长肯尼斯·莱于2000年通过股票期权的执行就实现了1.234亿美元的收入;前首席执行官杰弗里·斯基林在2000年通过执行安然的股票期权,就获得6 000多万美元的收入。在2001年12月申请破产保护前的一年时间里,公司向其144位高层管理人士总共发放了约7.44亿美元的现金和股票,其中,公司前任董事长肯尼思·莱一人就拿走1.5亿多美元。与之相对应,安然公司为巨额股权支付承担极高的费用成本,安然公司在2000年、1999年和1998年为限制性股票计划付出与收入对应的补偿费用分别达2.20亿、1.31亿和0.58亿美元。

正是这些激励方案设计中的漏洞造成公司不堪重负,公司高管铤而走险,玩弄财务数据,粉饰业绩,最终被人揭穿,最后走入了毁灭的深渊。

案例3:股权激励助力万科腾飞

2005年的股改启动了中国有史以来涨幅最大的牛市,作为股改配套措施的股权激励被赋予了完善公司治理并进一步刺激业绩增长的功能。在此背景下,一些优秀的企业脱颖而出,深圳万科就是其中的佼佼者。

从2005年开始,万科的股价和业绩迎来了爆发性的增长。万科那几年史无前例的高速增长,与当时正在实施的股权激励有着紧密的联系。2007年是万科业绩增长的阶段性顶峰,也是万科首期(2006—2008年)股权激励业绩考核的最后一年。

2005 年 12 月,万科启动股改,并随后开始设计股权激励方案,万科的股权激励被评价为最能兼顾公平与推动企业业绩的方案之一,其股权激励业绩考核的基准年是 2005—2007 年。万科 2006—2008 年股权激励计划由三个独立年度计划构成,万科采取预提的方式提取激励基金,公司以 T-1 年度净利润增加额为基数提取激励基金。例如,2006 年度激励基金提取以 2005 年度净利润为基数,当年净利润增长超过 15%不超过 30%时,以净利润增加额为提取基数,净利润增长率为提取百分比;当净利润增长率超过 30%时,以 30%为提取百分比,年度计提的激励基金不超过当年净利润的 10%。实施股权激励的前提条件是:年净利润增长率超过 15%,全面摊薄的年净资产收益率超过 12%。根据万科的股权激励方案,管理层从股权激励中利益最大化的逻辑是:在保证净利润、净资产收益率达标的情况下,净利润增长超过 30%是最佳方案,超过的越多,激励基金计提基数就越大。

根据万科已公布的业绩,2005 年、2006 年万科的净利润增长率、净资产收益率全面达到股权激励设定的标准。2005 年的主营收入、净利润分别比上一年增加 37.7%、53.8%;同样的数据,2006 年的增加值为 69%、59.6%;2007 年为 98.3%和 110.8%。2005 年、2006 年、2007 年万科分别计提股权激励基金 1.41 亿、3.15 亿和 4.3 亿。万科高速增长已远远超过了前 20 年的平均增长水平,在万科确立其专业住宅发展之路的 1991—2004 年,万科的营业收入复合增长率达 25%,净利润复合增长率达 31%。

显然,万科的股权激励计划激发了万科高增长的潜力,并成为中国房地产行业的龙头企业。

退出机制设计

很多企业家都知道用股权激励去激励自己的员工为自己的事业拼搏,可当员工要离开的时候却不管不顾,完全不关心股权激励的退出机制问题。这不仅影响企业的形象,而且有可能触犯法律。

由于小微公司大多是非上市公司,股份的流通性受以下因素的限制:① 不存在公开交易的市场;② 有限责任公司、未上市股份有限公司的股东之间存在人合的属性,限制了股份流通;③ 高级管理人员等员工基于股权激励计划而持有的股份是根据员工的贡献、业绩、岗位、技能等诸多因素确定,这些因素具有人身属性,与聘任的劳动法律关系相互交织。以上几大因素的存在造成小微公司的股份转让受到一定限制。此外,法律限制及章程限制也是设计退出机制时必须考虑的因素。

我国《公司法》第 142 条规定,发起人持有的本公司股份,自公司成立之日起一年内不得转让。公司公开发行股份前已发行的股份,自公司股票在证券交易所上市交易之日起一年内不得转让。公司董事、监事、高级管理人员应当向公司申报所持有的本公司的股份及其变动情况,在任职期间,每年转让的股份不得超过其所持有本公司股份总数的百分之二十五;所持本公司股份自公司股票上市交易之日起一年内不得转让。上述人员离职后半年内,不得转让其所持有的本公司股份。公司章程可以对公司董事、监事、高级管理人员转让其所持有的本公司股份作出其他限制性规定。

相对于上市公司存在公开交易市场而言,非上市公司、小微企业的股权激励计划的退出机制主要通过公司章程、股权激励计划方案来规定。

股票期权合同是公司经理层股票期权产生的法律依据，是对期权持有人的原劳动合同的补充和薪酬合同的延伸。根据现行公司法律制度，非上市公司、小微企业的股权激励计划的退出原因有以下几种：

(1) 聘任合同期限届满；

(2) 员工在聘任期限届满前，被解聘、辞职、离职；

(3) 员工被宣告死亡或失踪等。

员工股权激励的退出渠道有公司回购、股东内部交易、取得其他股东放弃优先受让权时向外部转让。有学者建议，应对经理人所持股票采取有限度的流通，以便于经理人持有股票的期待利益转化为现实利益。法律在经理人员所持公司股票的变现问题上的规定不能过于呆板，因为经理人员如果不能在市场行情较高时将所持公司股权变现，或者说在较长的一段时间内经理人员只能得到股权的账面利润，股权激励的作用就会大大降低。因此，有必要修订我国现行的《公司法》，规定在公司董事、监事、经理等高级管理人员任职期间其股份可根据协议分期少量出售变现。正常离职或退休时，可以根据协议转让给其他股东，未行权的部分将被取消，已经获得的股权根据协议以低价或行权价转给其他股东。

需要注意的是，非上市公司、小微企业的股权激励不仅要符合现行法律及政策的要求，股权激励模式的安排要兼顾在上市后的过渡衔接问题。在未开设创业板之前，未上市企业应侧重实施股份期权、股票增值权等变通的股票期权激励方式。股权激励的初始对象应该侧重核心层激励，随着企业的不断发展，可以考虑激励范围的逐步扩大，如包括技术骨干等。开设创业板之后，中小企业应积极申请上市，并侧重实施股票期权计划。股票期权与股份期权、股票增值权应做到天然过渡，并将股票期权计划作为公司股权激励的趋势。

第五章◎小微企业股权激励的法律问题

法律问题渊源

股权激励计划是一种对经营者的长期激励方式，小微企业同样需要此类计划。但小微企业人合性的特点决定了其实施股权激励计划面临的特殊法律问题。如股权来源、股东人数限制及权利实现与股权变动等问题。现实中，确定股权激励方式很重要，并且需要通过完善法律文件及善用信托制度等措施应对。

股权激励计划将经营者的个人利益与企业利益捆绑在一起，或者说经营者的大部分收益获自公司股票或股票期权的收益。股权激励是现代公司治理中的重要组成部分，是公司股东对经理层的长期激励。其从设计到公司董事会对经理层的授权再到经理层的行权和出售，每一个环节都涉及法律关系的变更与法律关系的调整。我国关于上市公司股权激励已有相关的规定，但对数量占优、实施股权激励的要求更为迫切的有限责任公司而言，其封闭性等特点决定了有限责任公司的股权激励不能按上市公司的规范来操作。因此，如何在现有法律框架内制定行之有效的股权激励制度是实践中急需解决的问题。

股权激励是指以股票作为手段对其董事、监事、高级管理人员进行长期性的激励，从而使他们能够勤勉尽责地为公司的长期发展服务。所有权与经营权两权分离导致利益冲突的矛盾直接影响到现代企业的发展。在现代公司中，所有权与控制权的分离既提高了公司的经营效率，也增加了股东和经理人员之间的利益冲突。通过改变高管的薪酬结构，变“资本雇佣劳动”为“资本与劳动的合作”,使经理层分享部分剩余索取权,从而形成对高管的有效激励,提高企业绩效和价值,这是股权激励制度的核心内容。

这一制度安排对我国的众多公司来说碰到了法律上的障碍。例如,在《公司法》修改以前,禁止公司回购本公司股票,不允许高管转让其所持有的本公司股票等问题都是在实行股权激励时面临的法律障碍。2005 年修订的《公司法》允许公司回购本公司的股票奖励给员工,允许公司董事、监事和高管在任职期内有限度地转让其股份,从而解决了激励股票的来源问题和激励收益变现的问题。

另外,中国证监会发布了《上市公司股权激励管理办法(试行)》,国资委、财政部发布了《国有控股上市公司(境内)实施股权激励试行办法》和《国有控股上市公司(境外)实施股权激励试行办法》。这些规定允许上市公司以限制性股票、股票期权及法律、行政法规允许的其他方式实行股权激励计划,尤其是对股票期权和限制性股票予以较详细的规定,并对实施条件、程序和操作要点进行了规范。

以上规范适用于上市公司。但非上市股份有限公司、有限责任公司,特别是小微企业的股权激励依然缺乏可操作性的规定。较之股份有限公司,数量占优的有限公司、小微公司实施股权激励的要求更为迫切。小微企业与股份有限公司的差异决定了小微企业不可能照搬上市公司的规定来实行股票期权或限制性股票计划,必须根据有限责任公司的特点,在现有法律框架内制定适合自身特点的股权激励制度。

一、小微企业股权激励面临的法律问题

有限责任公司有别于股份有限公司,源于有限责任公司人合性和资合性相结合的特点,而股份有限公司只强调后者。

人合性是指在有限责任公司的成员之间存在着某种个人关系。这种关系

类似合伙成员之间的相互信任关系,表现在《公司法》的制度设计上,包括以下几个要素: ① 股东人数有限制。在各国公司法中,对有限责任公司大多规定了最高人数的限制。② 公司的资本只能由全体股东认缴,禁止公开募集资本。公开募集是指面向社会公众和不特定的任何人募集资本。③ 股东之间的关系更多靠内部契约(协议)进行约束。④ 对外转让股权存在一定的限制条件。各国普遍限制股东向公司以外的人转让股权,如果要转让,通常要履行一定的程序或获得相关人的同意。我国《公司法》第七十二条第二款规定,股东向股东以外的人转让股权,应当经其他股东过半数同意。这些特点使有限责任公司实施股权激励有特殊的法律考虑。

(一) 股权来源问题

有限责任公司的资本不划分为等额股份,也不发行股票,但这并不会构成有限责任公司实施股权激励的法律障碍。虽然资本没有股份化,但依然可以按其股份比例实施股权激励,真正的问题是用于股权激励的股份来源。从理论上来讲,有限责任公司股权激励的股份来源可通过以下方式实施: 一是股份预留;二是股份回购;三是现有股东直接转让;四是让激励对象认购公司增资的份额。

(1) 在现行法律框架内,股份预留存在法律障碍。所谓股份预留,是指公司采取授权资本制或者折中资本制,在公司成立以后,董事会有权根据股东会授权,随时增发新股。我国公司法奉行法定资本制,注册资本要求一次认足,但可以分期缴纳,因此,注册资本分期缴纳制度并没有为股份的预留提供接口。若股东有意在有限责任有限成立之初就为股权激励的实施预留股份而增大注册资本并增加其认缴的出资额,以后也只能通过出资额或股权转让的方式使股权激励的对象获得公司股权。

(2) 对于股份回购,《公司法》第一百四十三条规定,“公司不得收购本公司股份。但是,有下列情形之一的除外: ① 减少公司注册资本; ② 与持有本公司股份的其他公司合并; ③ 将股份奖励给本公司职工; ④ 股东因对股东大会作出的公司合并、分立决议持异议,要求公司收购其股份的……"这条规定是公司回购股份的法律依据,但是以上规定置于《公司法》第五章"股份有限公司的股份发行和转让"中,可见以上规定并不适用于有限责任公司。既然股份有限公司可以实施股权激励而进行股份回购,为什么更封闭更私密的有限责任公司不可以呢?笔者认为,公司不能随意回购公司股票是资本维持原则使然,而《公司法》第一百四十三条是例外规定,例外规定的适用不宜轻易类推或扩大。因此,有限责任公司通过股权回购的方式实行股权激励在法律上是行不通的,或者至少是有很大争议的。

(3) 股东直接转让股权在理论上是没有法律障碍的,但是有限责任公司股权转让的法律问题确实不能忽视的。

(4) 通过增资的方式来提供所需股权,需要启动增资的程序,按《公司法》的规定,需要三分之二有表决权的股东同意。若采用此种方式提供股权,在制定股权激励方案时,需确保增资方案在需要时能顺利通过,且原股东放弃增资的优先权利。这种方式一般也要求公司利用公积金转增资本的方式为激励对象提供资金来源,这就需要在股权激励方案设计时进行多方面考虑,并准备相关的法律文件。

(二) 股东人数的限制

《公司法》规定,有限责任公司由 50 个以下股东出资设立。一般认为,受此限制,有限责任公司实行股权激励计划后,股东人数也不得超过 50 人。因此,如果有限责任公司要实行较广范的股权激励计划,股东人数要超过 50 人,就应采用间接持股的方式,即员工不直接以股东身份持股,而通过其他持股载体来享有股权。

实践中,间接持股通常包括职工持股会、工会、自然人代持和信托。根据目前的相关规定,职工持股会和工会都不能成为公司股东,不能作为员工持股机构。自然人代持则产生如何妥善保障那些未进行登记的不记名股东权利的问题。信托是最为正规的间接持股方式。信托方式是将员工持股的职能委托给信托机构行使,由信托机构按委托人意愿进行管理或者处分。

(三) 权利实现与股权变动

股权激励是一种通过经营者获得公司股权的形式给予企业经营者一定的经济权利,使他们能够以股东的身份参与企业决策、分享利润、共担风险,从而勤勉尽责地为公司的长期发展服务的一种激励方法。激励对象能获得什么样的权利取决于股权激励方案的设计,预计的权利能否实现需要靠法律制度的保障。股权激励方案给予激励对象的是经济收益还是完整的股东权利,其法律安排是不一样的。若只是经济利益(股权的增值收益或分红权),一般不涉及股权的变动,但会涉及原股东分红权的让渡。如果获得的是股东权利(包括后来股权的回收等),就要解决股权变动的法律问题,包括股权转让方的确定及转让的程序(若回收的活,还涉及受让人的确定及相关程序)、原股东优先购买权的行使或放弃等。

(四) 有限责任公司实施股权激励制度的法律对策

1. 确定股权激励方式

有限责任公司进行股权激励的方式多种多样,但都可归纳为两类:一类是影响股权实际变动的,无论是期权还是业绩股权;另一类是没有经过股权实际变动,典型的就是激励对象只获得一定股权项下的分红激励或增值利益。由于前者涉及有限责任公司的股权转让,处理相关法律关系较为复杂,且在过程中还可能牵涉到原股东的变动等各种情况,需要综合考虑的因素较多,在制定此种股权激励方案中需要作通盘安排。后者一般只需要股东同意,且公司文件确认一定比例股权的分红收益或增值收益由激励对象享有,其主要法律问题基本解决。当然,有限责任公司采取哪种股权激励方式,应根据不同情况而定,只是如何处理相关的法律关系也应作为考虑的因素之一。

2. 完善法律文件

无论采取哪种股权激励方案,其制度安排都是通过各种法律文件及法律程序来完成的。因此,有限责任公司决定实施股权激励时,应制定股权激励方案并经股东会通过,公司章程也必须作必要调整。股东之间要对用作股权激励的股权作出必要的书面承诺,对于可能涉及的股权变动还要作出事先的安排或签订相关协议。

3. 善用信托制度

根据《信托法》,信托是指委托人基于对受托人的信任,将其财产权委托给受托人,由受托人按委托人的意愿,以自己的名义为受益人的利益或者特定目的进行管理或者处分的行为。有限责任公司实施股权激励,无论是否涉及股权实际变动,都可以利用信托制度进行管理,只是期权或业绩股权的股权激励方式使利用信托制度更显其优越性。期权或业绩股权的股权激励方式需要实现股权转让,而在有限责任公司股东之间进行股权转让往往存在更多的不确定性,通过信托协议将一定比例的股权委托给受托人(一般是专业法人机构),使受托人按照有限责任公司股权激励方案的规定占有、管理、处分相关股权。这对于增强股权激励实施当中的确定性和可预见性有十分积极的作用,同时,专业机构对于股权激励制度的方方面面都能提供意见,从制定到实施都能对有限责任公司给予帮助。

二、小微企业股权激励相关法律概念及激励模式

目前,股权激励计划在国内尚属较前沿的企业管理问题,在国外虽然已非常普遍,但在国内法律制度下仍处于探索阶段。国内开始实施的绝大多数为上市公司,非上市公司,中小微企业真正意义上实施股权激励计划的仍非常少见。

股权激励计划在具体实施中比较复杂,不但涉及法律层面,更涉及企业管理和财务运作等层面。大多数公司管理者对股权激励计划只存在模糊认识,对股权激励计划的实施条件、操作方式、影响等问题尚没有清晰的了解。为了

使众多的小微企业主对股权激励计划有更进一步的了解，以帮助他们对股权激励计划“是否实施？如何实施？”的决策判断，下面就小微公司股权激励计划的相关法律问题作简要分析和评述。

（一）相关概念的理清

1. 股权是股东的，而不是公司的

与经理人存在劳动关系的是公司而不是股东，因此，若需对经理人实施股权激励，也应是公司给予其股权，而不是股东。但公司往往又不拥有股权（国外有些公司为实施股权激励计划可预留股权，中国法律不允许），因此，若实施“现股”激励时，公司需要取得股权，方可将之用于“激励”经理人。公司取得股权在目前中国法律允许的方式主要是增发新股和向股东回购股份。

2. 股权有“股份”和“股票”区分

通常认为，未上市发行的股权称为“股份”，上市发行的股权称为“股票”。“股份”由于未上市交易，缺乏价格形成机制，并且其价值变现渠道较窄，往往不易变现。除非公司有明确的上市预期，否则，用“股份”作为激励标的，往往存在价值不被接受或认可的情况。

3. 现股、期股与期权

根据国际上流行的股权激励模式，用于股权激励的对象通常分为现股、期股与期权。现股是指参照当前市场价格确定价值出售的股权。期股是指约定在将来某一时期内以一定价格购买一定数量的股权，购股价格一般参照股权的当前价格确定。期权是指在将来某一时期内以一定价格购买一定数量股权的权利，可以行使或放弃这个权利，购股价格一般参照股权的净资产或股票发行时的原始价格确定。

（二）股权激励计划的通常模式

1. 现股激励模式

现股激励是通过公司奖励或参照当前股票市场价格向经理人出售（包括

以象征性价格赠与)的方式,使经理人即时地直接获得股权,但同时规定经理人在一定的期限内必须持有这些股票,不得出售。按模式具体操作还分有以下类型:

(1) 限制性股票。限制性股票是专门为了某一特定计划而设计的激励机制。所谓限制性,是指出售这种股票的权利受到限制,即经理人员对于股票的拥有权受到一定条件的限制,如限制期为三年。经理人员在得到限制性股票的时候,不需要付钱去购买,但他们在限制期内不得随意处置股票,如果他们在这个限制期内辞职或被开除了,股票就会因此而被没收。

公司采用限制性股票的目的是激励经理人员将更多的时间和精力投入到某个或某些长期战略目标中。首先,薪酬委员会预期该战略目标实现后,公司的股票价格应当上涨到某一目标价位,然后,公司将限制性股票无偿地赠与经理人员。只有当股票市价达到或超过目标价格时,经理人员才可以出售限制性股票并从中受益。

(2) 账面价值股份。作为经理人员长期激励性报酬的形式,账面价值股份的最大特点是用股份的账面价值来衡量其价值,这就避免了证券市场的反复无常。显然,对于非上市公司,账面价值股份作为经理人员长期激励性报酬是可以操作的。

在具体操作中,使用账面价值股份的方式可以和股票期权的做法结合起来。当经理人员得到公司股份时,其购买价格可以由股票当时的账面价值来决定,而不是根据市场价格决定。当公司回购此种股票时,也是以当时的账面价值作为股份的回购价格。这样,在公司业绩增长的情况下,经理人员还可以得到股份账面价值的溢价收入,使经理人员的利益与公司业绩紧密挂钩。

(3) 储蓄参与股票。这种方法的适用范围往往不限于公司的高级管理人员,公司正式员工都可以参加。其目的是为了吸引和留住高素质的人才并向所有的员工提供分享公司潜在收益的机会。储蓄参与股票允许员工一年两次以低于市场价的价格(如下浮 15%)购买本公司的股票。实施过程中,首先要求员工将每月基本工资的一定比例存放于公司为员工设立的储蓄账户。一般公司规定的比例是税前工资额的2%—10%，少数公司最高可达20%。

与其他激励机制相比，储蓄参与股票更像是一个储蓄计划，其激励作用较小。其他激励工具一般来说是股价上涨时赢利，股价不变或下跌时没有收益。储蓄参与股票则是不论股价上涨还是下跌，都至少有购入价下浮部分的收益，当股价上涨时，赢利更多。

(4) 无条件赠与股票。无条件赠与股票是过去国外一些公司常常采用的激励经理人员的报酬形式，现在已经很少采用。无条件股票赠与安排一般并不包含特殊限制或其他前提条件，往往是支付给公司的关键经理人员作为报酬。一般而言，只有在公司受重大事件影响、处于关键性的转型时期或者是刚刚成立正处于艰难的创业时期的情况下，才会以股票无条件赠与作为长期激励报酬的形式提供给关键的经理人员。

(5) 特定目标奖金。特定目标奖金是国外一些大公司和非上市公司经常采用的一种长期激励办法。这类奖金与年度奖金相同，也是一年一评，但是评定的标准是前3—5年内公司战略计划中既定的长期目标的实施情况。该奖金一般以现金计量，有的公司以现金支付，有的公司以股票支付。如果该目标没有达到，该计划自动失效。

2. 期股激励模式

期股激励是指公司和经理人员约定在将来某一时期内以一定价格购买一定数量的股权，购股价格一般参照股权的当前价格确定，同时对经理人员在购股后再出售股票的期限作出限制。按模式具体操作还分有以下类型：

(1) 业绩股份。所谓业绩股份，是公司用普通股作为长期激励性报酬支付给经理人员。但是，具体的股份实施或者说股权的转移要由经理人员是否完成并达到了公司事先规定的业绩指标来决定。例如，很多公司以每股收益的增长水平作为标准来决定公司支付经理人员股票报酬的数量。在这种情况下，事先就要在合同中规定好。公司支付经理人员的股票数量，以每股收益的增长率为基础。只有达到某一个水准，如每股收益的增长率达到3%，公司才实施事先承诺的股权转移，经理人员得到股份。

而且,在3%的基础上,每增加1%,公司再采用比例或累进的形式增加支付经理人员多少股份。业绩股份的业绩目标通常与企业整体业绩衡量标准相联系,经理人员获得的业绩股份在一定时间内不得转让,从而增加了经理人员离开企业的机会成本。

(2) 股票增值权。股票增值权是一种对经理人员递延的现金奖励计划。它通过将股票在奖励日与实际支付日间的增值部分用现金方式支付给经理人员,是以现金形式获得的期权差价收益,而无需行使期权。股票增值权通常与无附带要求的股票期权同时使用,它的设计原理与股票期权近似,但差别在于:在行权时,经理人员并不像认购期权形式下要购入股票,而是针对股票的升值部分要求兑现。

按照合同的具体规定,股票增值权的实现可以是全额兑现,也可以是部分兑现。另外,股票增值权的实施可以是用现金实施,也可以折合成股票来加以实施,还可以是现金和股票形式的组合。同时,可以约定股票增值权一定时间的持有期(如6个月)。股票增值权通常以现金的形式实施,在这种情况下,它不以增发股票为前提,因而不会对公司的所有权产生相应的稀释,也不会产生无投票权的新的股票持有者。

(3) 虚拟股票和影子股票。虚拟股票是指公司给予经理人员一定数量的虚拟股票,对于这些虚拟股票,经理人员没有所有权,但享有股票价格升值带来的收益以及享受分红的权利。这种激励方式是在不授予经理人员股票的情况下,将他们的收益和公司股票股价的上升联系起来,从而起到激励和约束经理人员的作用。

与虚拟股票紧密联系的一种激励方式是影子股票。影子股票的特点是,经理人员在被决定给予股票报酬时,报酬合同中会规定,如果在一定时期内公司的股票升值了,经理人员就会得到与股票市场价格相关的一笔收入。这笔收入的数量是依照合同中事先规定的股票数量来计算的,而这笔股票的数量一般与经理人员的工资收入成比例。也就是说,通过影子股票的形式向经理人员发放报酬,要借助于股票,但又不实际发放股票。用影子股票来提供长期激励性报酬时,计算报酬大小的原理与虚拟股票基本相同,即奖励的股票数量乘以实际支付日的股价所得余额支付现金给经理人员。但是,影子股票与虚拟股票又略有不同,前者是以合同的形式参照股票价值给予经营者既定的收入,后者是经理人员持有"股票"参照股票价值的未定性收入。

3. 期权激励模式

期权激励是指公司给予经理人员在将来某一时期内以一定价格购买一定数量股权的权利,经理人员到期可以行使或放弃这个权利。购股价格一般参照股权的净资产或股票发行时的原始价格确定,同时对经理人员在购股后再出售股票的期限作出规定。经理股票期权就属于期权激励方式。

经理股票期权是指经理人员享有在与公司约定的期限内,以某一预先确定的价格购买一定数量本公司股票的权利。经理股票期权的运行机制大致是:公司在与经理人员签订聘用合同时,同时赋予经理人员在未来一定年限(一般为3—5年)内,按某一约定价格购买本公司股票的权利(即经理股票期权),该约定的价格一般为合同订立时公司股票的市场价格。该经理如果经营管理有方,公司业绩优良,并使股票升值,他就可行使股票期权,以原先约定的较低的价格购买一定数量的公司股票,并可自行决定何时出售;出售时所得差价就构成经理薪酬的一部分。其中,享有股票期权的经理人员在约定期限内,按照预先确定的价格购买本公司股票的行为称为行权,事先约定的经理购买股票的价格称为行权价格。

三、股权激励计划对企业及股东的影响

1. 对企业的影响

股权激励制度在国外被誉为是公司送给经理人员的一副"金手铐",这一

比喻形象地说明了股权激励制度对经理人员可以产生既激励又约束的双重作用。它对企业的影响长远来说是非常积极和正面的,主要体现在:

(1) 有利于更好地吸引并留住核心人力资本。企业每个部门都有相应的核心人力资本。授予核心人力资本以股权或期权,能够提供较好的内部竞争氛围,激励人力资本最大限度地供给。同时,由于股权和期权强调未来,公司能够留住绩效高、能力强的核心人力资本。

(2) 充分刺激和调动经理人员积极性和创造力。股权激励计划将经理人员的利益与企业的盈利捆绑在一起,使经理人员自发自觉地为企业创造利润,最大化地贡献自己的才智。

(3) 有效降低企业经营成本并提高利润。国外的实践证明,实施股权激励计划后,经理人员的主人意识增强,工作积极性会大幅提高,往往能够通过积极的管理有效地降低企业经营成本并提高利润。

2. 对现有股东的影响

(1) 稀释股权,降低现有股东的持股比例。不论是"现权"还是"期股"或是"期权"的授予,其结果必然使现有股东的股权得到稀释,使原先相对集中的股权变为分散,现有股东的控制权在一定程度上将会削弱。

(2) 引入监督,经营管理和利润分配的透明化及民主程度要求提高。《公司法》规定,公司股东(不论持股比例多少)依法享有资产收益、参与重大决策和选择管理者等权利。具体而言,股东享有股东会表决权、查阅公司章程、文件和财务报告、会计账簿的权利、分红权以及对其他股东出让股权的优先认购权等诸多权利。

因此,股权分散化导致的结果必然是对现有股东的经营管理带来监督。在此情况下,公司的经营管理及利润分配等都应当走向规范化、透明化,重大事项的决策应当民主化。以往"家长制"、"一言堂"的管理模式需要逐步改变。

(3) 带来潜在的纠纷风险。既然股权由集中转为分散,股东对公司经营管理、持续发展的思路就有可能出现分歧,股东之间出现矛盾并导致纠纷的风险就大大提高。

四、相关建议

在上述分析的基础上，本文就股权激励计划提出如下建议，供相关非上市公司参考。

1. 权衡利弊，择善而行

任何新模式的施行必然存在利与不利的两面性，更何况股权激励计划对很多上市公司而言尚属于探索中的新兴事物。

不同的公司有不同的具体情况，本文前述介绍的多种股权激励计划的模式或许能为企业决策提供参考和启发，但未必能够完全直接套用。如果决定施行股权激励计划，应充分酝酿、慎重选择、精心安排，以免仓促施行带来不利的负面影响。根据本所的经验，只要通过适当的制度选择和安排，股权激励计划一定可以最大限度地发挥新模式的长处并规避其弊端。

2. 未雨绸缪，准备在先

施行一套科学、有效的股权激励计划，绝不是签订一两份协议或文件那么简单。它涉及对企业股权结构的调整和对企业治理结构的重新安排。尤其是非上市的中小型企业，由于缺乏股权变现机制，在施行股权激励计划时往往很难达到预期的效果。因为股权激励的效果主要取决于股权收益的变现，而股权变现一旦受阻，股权激励制度的激励价值就会大大降低。即使对经理人员施行了股权激励，最终往往是以经理人员放弃股权或因股权的变现引发纠纷而告终。

希望实行股权激励计划的公司，可以结合公司的长期发展战略，对公司先行进行股份制改造(或与关联公司重组改制为股份制公司)，并制订公司上市计划。同时对公司的股权结构和治理结构进行预先安排，在此基础上实施股权激励计划。

股权方案设计——避免法律纠纷

一、小微企业股权激励涉及的法律问题

（一）小微企业股权激励涉及的相关法律问题

1. 股东人数问题

我国《公司法》规定，有限公司的股东不能超过 50 人，股份有限公司的股东不能超过 200 人。因此，在设计股权激励方案时，需要注意股权激励计划实施后的股东人数不能违反法律规定。有的公司为了规避公司法的规定，采取委托持股、信托持股或设立投资公司的方式，委托持股和信托持股在公司上市的时候会面临法律上的障碍，如果设立投资公司，最终的股东数量也不能超过 200 人。

2. 股权转让限制问题

《公司法》规定，有限责任公司变更为股份有限公司第一年内，发起人不得转让股份。公司公开发行股份前已发行的股份，自公司股票在证券交易所上市交易之日起一年内不得转让。

3. 回购股份问题

《公司法》规定，奖励给公司职工的回购股份，不得超过本公司已发行股份总额的 5%；用于收购的资金应当从公司的税后利润中支出；所收购的股份应当在一年内转让给职工。

4. 会计处理问题

根据我国《企业会计准则》及《企业会计准则解释第 4 号》的规定，IPO 公司大股东若将其持有的拟 IPO 企业股份以较低价格转让给高管、核心技术人员，或高管、核心技术人员以较低的价格向 IPO 企业增资，上述两种行为均应视为股权激励，以股份支付进行会计处理。

（二）小微企业股权激励实务操作问题

1. 缺乏具体的实施细则

在目前法律框架下，我国已对上市公司如何进行股权激励作出了规定，但非上市股份有限公司、有限责任公司的股权激励依然缺乏可操作性规定。在实务中，有限责任公司对其高管及核心技术人员的股权激励有多种形式，如虚拟股票、现金出资加大股东配股、大股东附条件赠与等。但在上市的考量下，小微企业则还需更多考虑 IPO 管理办法以及证监会的要求。

2. 操作不当可能构成上市障碍

根据 IPO 管理办法以及证监会保代培训的相关要求，拟上市公司实施股权激励不得使公司股权处于不稳定状态，且不得产生纠纷或潜在纠纷这就宣布了股票期权方式进行股权激励进入了死路。因此，目前大多数拟上市公司对高管及核心人员进行股权激励，多采取迂回前进的方式，即在拟上市主体股东层面进行，如设立有限合伙或持股公司等。目的就是在确保拟上市主体股权稳定的前提下，在其股东层面实现股权激励的目的。

二、避免法律问题的影响因素

在企业具体的股权激励实施过程中，需要考虑的因素有很多，主要包括如下几个方面：

1. 企业性质

企业性质主要研究股本结构问题。对于国有企业,国有股属于国家财产,不能随意确定价格并实施转让。国有企业获得股权激励的股票主要是通过增发新股或者在二级市场购买流通股。因此,业绩股票、业绩单位、限制性股票和延期支付股利模式比较适合国有企业使用。对民营企业来说,因为不涉及国有资产,所以,在获取用于激励的股票上比较容易。一般来说,民营企业通常是企业家带领一批技术骨干共同创业,通过期股、限制性股票等激励模式,使激励对象成为公司的主人,这样对持有者有显著的激励效果。业绩股票和业绩单位作为累积式激励,延期支付作为奖励性质的长期支付,也比较适合民营企业使用。

2. 行业特性

企业所属的行业类型不同,应考虑采取不同的股权激励模式。对于技术密集型企业,科技人员的技术作为第一生产力对企业创造价值起着至关重要的作用,所以,留住人才的激励机制变得尤为重要。另外,科技密集型企业往往属于高风险行业,股价波动幅度较大,可以考虑限制性股票、股票期权、期股等。对于劳动密集型企业,人员相对较多,企业需要激励的对象主要集中在高管层。在实施激励过程中,企业需要对他们的业绩和贡献进行评价。无论哪种企业,当现金流充沛时,都可以考虑使用股票增值权和延期支付。上市公司可以考虑采用限制性股票、业绩股票、业绩单位、股票增值权等模式;非上市公司可以考虑延期支付。

3. 股权结构

股权结构决定了投资方的力量对比,而股权激励有可能打破公司原来的股权结构,影响到大股东的控制权。如果公司股权过于分散,控股股东的持股比例较低,如果用于激励的股票总数过大,肯定会影响大股东的控股权。一般来说,股权集中的大股东比较喜欢股票期权、期股、限制性股票等模式;股权集中度较高的公司愿意用业绩股票、业绩单位、延期支付、虚拟股份模式。

4. 发展阶段

企业处于的发展阶段不同,应该选择不同的股权激励模式,企业的发展周期一般分为初创期、成长期、成熟期和衰退期四个阶段,在每个阶段,都要解决好经营者的短期激励和长期激励问题。在企业初创期,发展迅速,未来增值潜力较大,但现金较少,用现金奖励给员工比较困难,所以,股票期权和期股成为首选的长期激励模式。在企业快速成长阶段,公司业绩不断提高,每期利润也会增加,股票价格增长迅速,这时主要考虑股票期权、股票增值权、虚拟股票等模式。对于非上市公司,可以采用"实股+岗位干股+期股"的组合模式。处于成熟期的企业,企业规模大,利润多,发展稳定,可以考虑从利润中提取部分激励基金用于激励,这样既不会造成较大的现金流压力,也可以使激励对象获得实际的报酬,可以采用业绩股票、业绩单位、延期支付等模式。对于衰退期的企业,股权激励的作用效果不会明显,企业随时可能面临破产的危险,员工对企业信心不足,给予股份还不如给现金来得实惠。

5. 激励对象

激励对象的不同,所选择的股权激励模式也不同。对于高管层的激励,公司可以采用期股、股票期权、限制性股票为主的激励方式,在股权激励计划中必须加入一些约束条件和兑现服务期限来加以限制。对于中层管理人员和技术人员等,可重点选取以业绩股票结合业绩单位、延期支付和虚拟股份等的股权激励方法。对于绝大多数普通员工来说,其个人所持有的公司股票不可能有很多,公司整体的业绩指标和个人工作的完成程度以及个人的收入关系不强,对他们实施股权激励的作用不会太明显。当然,对于一些效益很好、规模较大的公司,对员工实施股权激励等于增加员工的工资薪酬,让员工能分享公司的利润,也有助于公司健康稳定的发展,具体可以采用员工直接按某一折扣价购股或设置期股为主。对销售人员而言,实施股权激励具有十分重要的作用,现在很多公司常犯的错误是销售人员的收入和销售业绩之间的挂钩过于直接、过于短期化,结果导致很多销售人员不关心公司的整体利益和长远利益,只求完成当期的任务,销售人员的流动快成为令许多老板头疼的问题。解决思路就是通过实施股权激励，使股权成为销售人员收入的一大部分，既可以借此实现对销售人员收入的延期支付，又可以使销售人员在关心自己短期利益的同时兼顾公司的长期利益，建议采用限制性股票或业绩股票的方法。对于研发人员的激励，建议采用分红权加股票期权的方法，以期权为主。分红权是解决短期激励的问题，由于对科研人员的短期绩效考核并不容易进行，他们的绩效往往有滞后性，因此，采用期权将企业未来的收益和风险与研发人员一起承担比较合理。

6. 推动主体

推动股权激励的不同主体代表不同的利益团体，如果推动方是股东，往往关注企业的长期绩效，比较喜欢采用风险和收益、激励和约束对等的模式，如股票期权、期股、限制性股票和员工持股等；如果推动方是管理层，通常比较关注个人利益的得失，倾向于兑现期短的激励方式，如业绩单位、股票增值权、虚拟股票和延期支付等。因此，不同的动机会对股权激励计划产生不同的影响，而且股东推动有可能多一种股票来源，即大股东转让。

7. 企业规模

企业规模对实施股权激励的影响较大，如影响激励对象的确定、股票数量和激励模式的选择。企业的规模和实力相对较大的公司可以采取激励程度较大的模式，如股票期权、股票增值权、虚拟股票、限制性股票等；反之，企业规模与实力较小的企业就要考虑激励力度过大带来的成本压力，这时可以考虑期股、业绩股票、业绩单位、员工持股和延期支付等。

8. 盈利状况

盈利状况较好、现金流较充裕的企业，可以选择的空间较大；盈利状况欠佳、现金流偏紧的企业，应该考虑激励所带来的成本和现金流的流出，特别是要尽量避免选择股票增值权、虚拟股票、业绩单位等激励模式。

三、激励方案的四大关注点

在股权激励计划的设计中，必须了解经理人员的报酬构成、如何有效地对经理人员进行激励、如何确定经理人员的业绩目标及股权激励的递延性。只有在实施激励计划中确定这几个方面的问题,才能保证股权激励能起到很好的作用。

(一)经理人员报酬的基本类型

对于经理人员来说,其收入主要可以分为固定收入和可变收入。

固定收入是与企业业绩无关的收入部分,属于非激励性报酬。固定收入一般是指基本工资及福利计划等,通常以经理人员的资质、经验、受教育背景等指标,通过综合评价体系并结合经营者任职企业所处的行业内的平均薪资水平而定。

可变收入是与业绩报酬相关的报酬,属于激励性报酬,包括年度奖金和长期激励性报酬计划。年度奖金根据公司的当期业绩来确定,是一种短期的激励措施。长期激励性报酬的设计主要是为了解决股东和经理人员之间的委托代理问题,股权激励是其典型代表。股权激励不是很容易就能得到的,一定要达到所预期的业绩目标。有了这种激励方式,经理人员就会格外关心怎样实现预先设定好的业绩目标,可以调动经理人员的积极性,使其行为和业绩尽可能地接近设计者的目标。

在经理人员股权激励的报酬设计中,主要考虑:报酬构成、报酬结构变化对经营者的行为影响、报酬数量与经理人员积极性的关系及最优的报酬结构确定、经营者报酬同何种业绩挂钩、如何挂钩等问题。

(二)有效进行激励问题

在确定了经理人员报酬的模型之后,接下来的问题就是如何有效地对经理人员进行激励,即给多少和如何给的问题。

为了吸引经理人员留在该企业需要给多少报酬总量呢?至少不低于该经理人员在企业的机会成本,它等于经理人员在其他工作机会中所得到的最高报酬。如果市场比较完善、竞争比较充分的话,经理人员在各种工作机会中所得到的报酬就会大致相同，其保留工资也就是该经理人员的"身价"。因此，在确定报酬总量时，主要考虑两个影响因素：首先是经理人员留在企业的机会成本，其次是老板预期经理人员所能达到的业绩目标。

如何给是指经理人员如何得到这些报酬，这涉及激励相容问题。所谓激励相容，就是要使经理人员有积极性自觉地为企业的目标奋斗。激励合同实质上是一种企业的薪酬政策。由于经理人员具有股东难以知道或看到的隐蔽信息和私人行动，才使股东无法强制让经理人员说真话或者不偷懒，而只能诱导经理人员说真话和不偷懒。具体到经理人员的股权激励来说，激励中的"结构合理"就显得尤为重要。例如，一个经理人员的报酬中没有或较少有长期性报酬，而是按照当年的利润给经理人员提成，经理人员就会拼命地提升当年的利润，对以后各期的利润就不会太关心；如果按照销售额奖励，就拼命地搞促销、价格战，售后服务就不重视了。

一般情况下，经理人员有两种报酬结构，即工资：年度奖金：长期激励性报酬的比例一个是 2∶2∶1；另一个是 1∶3∶10。这两个最大的差异在于长期激励性报酬所占的比例，即我们所说的股权激励。在一些高新技术企业，公司经理人员一定会关注公司的长期增长，比较适合采用后一种报酬结构，那些成长性较好、创业性质很浓的公司，都应该采用这种方式。那些发展稳定、风险较小的公司，比较适合采用前一种报酬结构。对于拟上市公司来说，如果公司规模中等，现金流风险较大，项目周期较长，比较适合 1∶3∶10 的激励性报酬结构。

（三）业绩目标与激励力度

对经理人员有效激励的前提是要明确企业发展的目标并对这一目标进行分解，从而确定经理人员的目标业绩。也就是说，激励经理人员的主要目的并不是简单的为经理人员多发钱，而是为了让他们更有效地完成老板所交代的工作目标或任务。所以，有效的股权激励一定是以完成一定的业绩目标为前提的。如果没有明确的目标，股权激励就不能达到目的。

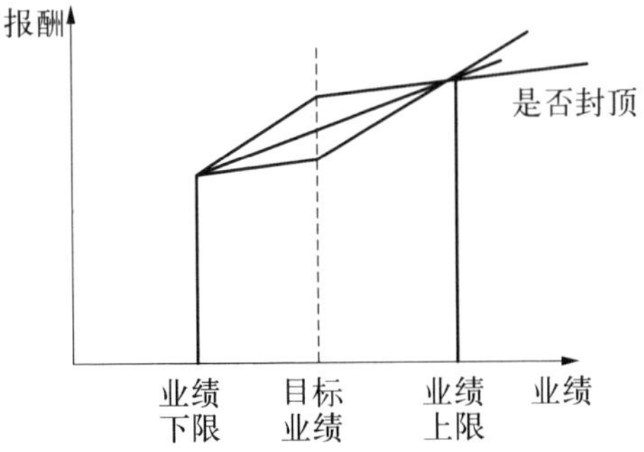

图 5.1　不同分配比例的股权激励报酬

(1) 要确定对经理人员考核的业绩指标。一般来说，目标业绩是经理人员获得长期性报酬的起点。这个业绩目标要有一定的难度，但也不能难得让经理人员无法实现，要把握好那个度。

(2) 要确定一个业绩下限，往往是目标业绩的 85%或 90%，是经理人员获得年度奖金的起点。再向上一点达到目标业绩，就可以获得股权激励了。然后，要确定一个业绩上限，一般来说，经理人员报酬是需要封顶的。主要是因为影响企业业绩的原因有很多，不只是经理人员努力所带来的结果，有可能是由于外部环境导致。这个时候，如果不对报酬进行封顶，很可能造成给予那些工作不努力的经理人员以高额的报酬，违背了股权激励的初衷。

(3) 确定不同激励区间的激励性报酬的强度。根据以上原则，经理人员获得股权激励报酬分为两个区间，一个是业绩下限和目标业绩之间获得的年度奖金，还有一个是目标业绩和业绩上限之间获得的股权激励报酬。需要考虑的是这两个区间内的激励强度要不要分段？最简单的方法是采用等比例增加法，也就是确定一个固定的报酬系数，以业绩增加的幅度乘以确定报酬增加的幅度。也可以采用变动系数的方法，将业绩变化再进一步分成几个区间，在不同的区间拟采用不同的激励系数，如采用累进的系数或累退的系数等。根据企业所处的行业情况、企业发展阶段、未来预期等相应采用不同的方法。

(四) 递延期与股权激励

股权激励报酬的本质是它的递延性。以美国对经理人实施的股票期权计划为例，一般都是授予 10 年期的计划，分三次加速行权。例如，授予 100 股的股票期权计划，第三年行权 20 股，第六年行权 30 股，第九年行权 50 股。在第三年和第六年行权的时候,经理人所得到的股票期权水平低于其创造的生产率,但随着时间的推移,当经理人的努力体现为业绩之后,在第九年行权的时候,激励水平超过了他创造的生产率。这样,经理人员的报酬就呈现出一种“递延性”,从而实现经理人员的利益和股东的利益长期捆绑。在通常情况下,企业不可能对经理人员实施有效的激励和惩罚。但如果使用递延的报酬形式,被递延支付的报酬就是一种履行业绩目标的抵押金,为了在将来获得这些抵押金,经理人员不但避免被解雇,而且还会努力工作,防止偷懒和短期行为的发生。

相关案例解析

一、股权激励纠纷案——公司是否有权利收回高管股份

某上市公司前高管A最近与公司发生了激烈的股权纠纷案。经北京市仲裁委员会两次开庭之后，双方仍未对和解方案达成共识。据了解，该案目前正处于庭下商议有关细则阶段。

上市前40万元受让82 416股

该上市公司的招股说明书显示，2007年11月30日，公司下属工程公司与47名自然人签订了《股权转让协议》，将工程公司持有的该公司257.140万股股份全部转让给这47名自然人。

参考该公司2007年6月30日的每股账面净资产4.64元，公司决定将此次股权转让的价格确定为每股4.853元。在47名受让自然人中，时任副总经理的A以40万元的转让价款获得82 416股，占公司总股本比例的0.333 3%。

同时，招股说明书中还提到："本次股权转让的原因是本公司为激励和奖励主要管理人员、核心技术人员、业务骨干、重要经销商和部分有突出贡献的老员工。"据接近当事人的某人士透露，当初A与工程公司签订的协议中有一个条件，即从合同签订之日起，A必须在公司工作满5年，否则，公司有权将股份收回。

由于诸多复杂的原因，A于2009年10月5日毅然递交了辞职报告。该

公司公告的A辞职理由为“个人原因”。因其工作年限不满协议中约定的5年年限,该公司下属的工程公司随后向仲裁委提出申请,追讨转让给A的这些股份。

协议模糊存漏洞

问题在于,彼时A受让的82 416股经过这几年的分红扩股之后,已经变成了目前的395 598股。公司到底有无权利收回除基础的82 416股之外的衍生股份,成为该案双方争论的焦点。

原来,2007年12月10日,公司决定以未分配利润每10股转增股本6股。A持有的股份增加49 450股,变成131 866股。而且按照相关税收规定,A被扣除了相应的个人所得税款。

2008年9月10日,该公司成功IPO并上市。当年的利润分配方案为:以资本公积金每10股转增股本5股,并按每10股派发现金红利3.50元(含税)。2009年,该公司又以资本公积金每10股转增股本10股,并按每10股派发现金红利3元(含税)。经过两次转增之后,A持有的股份增加到395 598股。

据知情人士告诉《证券日报》记者,由于2007年签订协议时该公司还未上市,也没有考虑到将来可能发生的股份转增,协议中并没有出现关于这些转增股份的详细规定。因此,一审时双方各执一词,都认为转增的股份应该归己方所有。

按该上市公司最新的股价计算,这395 598股的市值接近1 000万元。由于争议金额巨大,此次仲裁的费用也不是一笔小数目。

转增股份究竟应该归谁?

A的律师认为,由原始的82 416股转增出来的股份和红利是A的所有者权益。

2007年,A个人出资40万元购买了82 416股。第一次转增的49 450股来自未分配利润,也就是“红股”,并扣除了个人所得税。根据国家税务总局关于印发《征收个人所得税若干问题的规定》(〔1994〕089号)的通知:“股份制企业在分配股息、红利时,以股票形式向股东个人支付应得的股息、红利(即派发红股),应以派发红股的股票票面金额为收入额,按利息、股息、红利项目计征个人所得税。”所以,这部分股份和派发的现金红利一样,应为A所有。

对于以资本公积金转增的股份,上述律师认为,资本公积金产生的时点很重要。公司将股份转给A的时间是2007年5月18日,而该公司上市的时间是2008年9月10日。

上海市李国机律师事务所律师周爱文在接受《证券日报》记者采访时表示,公司可能根本无权收回股份。根据新《公司法》第143条第一款的规定:“公司不得收购本公司股份。但是,有下列情形之一的除外:(一)减少公司注册资本;(二)与持有本公司股份的其他公司合并;(三)将股份奖励给本公司职工;(四)股东因对股东大会作出的公司合并、分立决议持异议,要求公司收购其股份的。”

因为A支付了40万元的转让款,相关收据俱全,周爱文律师说:“我觉得如果付了对价,那就不能算奖励。”既然不算奖励,也就不属于可除外的情形,该公司不得收购这些股份。

不过,中央财经大学税务学院副院长杨志清教授则对《证券日报》记者表示了不同的看法。他说,假设协议规定了工作不满5年公司就有权收回股份,既然是高管违约,当初的82 416股和由此带来的收益都应该收回。

对由未分配利润和资本公积金转增出来的股份,杨志清教授说:“你享受的待遇有的是现金化的,有的是货币化的,有的是实物化的,按理说,要收回去应该是全部收回去。单从合同上讲,公司的做法没有问题。”

“第一诉讼案”是如何了结的?

在A此案发生前,类似的案件也发生过。2007年,雪莱特与其发起人股东C发生的股权纠纷案就是一例。

据雪莱特董事长B称,2002年12月,为激励高管,B自愿将名下的38万股(约合当时公司总股本的3.8%)股份赠给时任公司副总经理的C。在《关于股份出让的有关规定》中载明:C自2003年1月1日起在雪莱特公司服务时间须满 5 年,若中途退出,以原值除以服务年限支付股权。

2004 年 7 月,B 再次签订股权赠与协议,将名下的占公司总股本 0.7%的股权(折合现股票 96 万股)赠与 C。C 承诺自 2004 年 7 月 15 日起五年内不能以任何理由从公司主动离职,否则,将按约定向 B 给予经济赔偿。

但 C 于 2007 年 8 月 25 日辞职。一个月后,B 以未履行相关协议及承诺为由,将 C 告上法庭,要求其返还之前由原告赠与的上市公司 5 223 886 股并赔偿损失。

2009 年 1 月 9 日,广东省高级人民法院判决认为,此前那 3.8%的股份属于有偿转让而非无偿赠与,所以,判决 C 赔偿 B 赠与的 0.7%的股份共计约 1 900 万元。B 与 C 对一审判决均表示不服,两人都向最高人民法院提出上诉。

最高人民法院认为,因为缺乏支付款证据,C 3.8%的股份应属 B 赠与。但对于 B 要求 C 返还其受赠的全部股票不予支持。C 自 2003 年 1 月 1 日持股后在雪莱特公司服务了近四年零九个月,尚有四个月的服务时间未满。所以,把获赠股份平均折合到每个月,可撤销赠与的四个月的股份数共计 348 259 万股,C 应退还 B。同样应退还的还有第二次赠与的 0.7%的股份,约合 1 929.4 万元。

"第一诉讼案"可为鉴

在认定股份为赠与的情况下,C 只返还了 6.67%的股份。对比来看,A 出资 40 万元受让股份,公司却要求她返还全部部分,这令她无法接受。

很多公司在上市前会对公司高管人员实施股权激励,通常是大股东(控股股东)将持有的拟上市公司的股份转让一部分给公司高管人员。不管是有偿转让还是无偿转让,作为股权激励,一般都是基于大股东对高管人员过去在公司作出贡献的肯定和对高管人员未来继续为公司作贡献的期望。

不过,大股东在向高管人员转让股份时,通常会附条件要求高管人员在受让股份后需在公司工作一定期限。

公开资料显示,A 今年 51 岁,自 2005 年 8 月 1 日起在该公司担任副总经理。截至去年10月辞职,在该公司的工作时间超过5年。签订股份转让协议之后,也已经为公司服务了两年半(注:知情人士称股份转让协议签订的确切时间是2007年5月18日,相关转让款在2007年5月31日之前已交清,与该公司招股说明书中公布的2007年11月30日有出入)。

如果参照C与雪莱特的处理结果,按照工作年限占规定年限的比例收回股份,那么,A应得到395 598股的一半。

曾代理"上市公司股权激励第一诉讼案"的北京市邦盛律师事务所谢会生律师对《证券日报》记者表示:"以未分配利润和资本公积金转增为股东的股份,均是基于股东权利,除转增为股份的资金来源不同外,无其他差别。司法实践中,处理该类问题,更侧重于考虑公平原则,例如,可以对A原受让的82 416股股份全部返还给工程公司;对于转增的股份,可以根据A接受股份后已完成的服务时间进行折算,一部分归A,另一部分返还给工程公司。"

值得注意的是,A辞职的时候距离她持有的一部分股票解禁只有20几天,只要坚持下来,她完全可以将这些股票抛售套现。作为一个成熟的高管,是什么不能克服的原因导致她宁肯冒着股份被收回的风险也不愿继续在公司工作呢?值得深思!

据知情人称,工程公司当初与47名自然人签订了《股权转让协议》,其中未满5年工作年限就辞职的不止A一人。工程公司却没有对其他提前辞职的人员追讨股份,这背后有什么不为人知的秘密呢?

从"上市公司股权激励第一诉讼案"到今天的A案,看来已不仅仅是个案了。我们呼吁监管部门完善相关的法律法规,同时呼吁上市公司以此为鉴,切实搞好公司治理,确保投资者利益得到有效的保护!

二、富安娜股激励纠纷案剖析

"A股股权激励纠纷第一案"的富安娜诉原始股东案目前出现最新进展,

“此案件有两个核心问题，一是管辖权争议，二是承诺函有效性争议。接下来看被告方是否要求对承诺函进行司法鉴定。”

1. 富安娜案例回顾

(1) 推出股权激励——限制性股票激励计划。富安娜股权激励始于公司上市之前。2007 年 6 月，富安娜制定和通过了《限制性股票激励计划》，公司以定向发行新股的方式，向激励对象发行 700 万股限制性股票。

(2) 为上市终止股权激励计划，签署承诺函。2008 年 3 月，因富安娜向证监会申请 IPO，为配合上市要求，富安娜终止了《限制性股票激励计划》，将所有限制性股票转换为无限制性的普通股。同时，余松恩、周西川等人向富安娜公司出具承诺函称，自承诺函签署日至公司上市之日起三年内，“本人不以书面的形式向公司提出辞职，不连续旷工超过七日，不发生侵占公司资产并导致公司利益受损的行为”，若违反上述承诺，自愿承担对公司的违约责任并向公司支付违约金。

(3) 高管辞职引股权纠纷。2008 年 7 月至 2009 年 9 月，余松恩、周西川等部分非创业股东向富安娜提出辞职申请，并先后离开公司。余松恩、周西川等人离职后，均跳槽至富安娜主要竞争对手之一的水星家纺，余松恩时任水星家纺副总裁，周西川时任水星家纺渠道总监。2012 年 12 月 26 日，富安娜向深圳市南山区人民法院对余松恩、周西川等 21 名前自然人股东就《承诺函》违约金纠纷一事提起诉讼，要求判令各被告分别赔偿违约金累计 8 121.67 万元。

2. 案件的争议焦点

(1) 属劳动争议纠纷还是合同纠纷。原告方认为本案属于合同纠纷。

被告方余松恩、周西川等 21 名前自然人股东认为本案属于劳动争议纠纷。

深圳市中级人民法院认为，富安娜公告该案系合同纠纷，原审法院对该案有管辖权，上述人的上诉理由不能成立，本院不予支持。

富安娜案件中被告的股权收益是依股东身份而获得的，不适用劳动法，适用于民商事法律规范调整。案件中的原告及被告双方未将股权收益作为劳动报酬，股权收益也从未以劳动报酬的考核方式予以考核发放。

我国的工资收益和股权收益有明确划分，工资收益因劳动身份而取得，股权收益基于股东身份而取得。两种收益在个税计算、经济补偿金计算、社保缴费基数计算等方面也存在着明显的差别。

原告富安娜依据《承诺函》向被告主张“违约金”。被告在《承诺函》中明确“是以优惠的条件获得上述股份”，因此，承诺一定时期内不向公司提出辞职，且不发生损害公司利益的行为。否则，“自愿承担对公司的违约责任并向公司支付违约金”。《承诺函》中的“违约金”完全依据被告股东身份而作出，不适用劳动法调整，而适用民商事法律规范调整。

深圳市中级人民法院裁定该案系合同纠纷，对《承诺函》的法律性质作出了认定，对深圳市南山区人民法院在案件实体审理过程中是适用《合同法》还是《劳动合同法》给出了明确意见。劳动法专家董保华教授也进一步指出，《承诺函》中的“违约金”完全依据被告股东身份而作出，不适用劳动法调整，而适用民商事法律规范调整。

(2) 承诺函的合法性问题。透过深圳市南山区人民法院发出的《查封、扣押、冻结财产通知书》，得知涉案人员的相关股权和证券资金账户已经被冻结。《通知书》从侧面说明了法院认定富安娜的追索依据，印证了《承诺函》具有合法性，并印证了富安娜追索“上市前就离职的人员获得的原始股收益”这种行为本身是正当合法的！

(3) 承诺函的真假问题。原告方富安娜对媒体称，其诉讼证据《承诺函》皆为当事人本人亲自签署，是客观真实的。

案件被告之一富安娜前财务总监梅连清则告诉记者，他们认为公司提供的承诺函是伪造的，与当时签署的不一样；除与公司和解的 3 个人外，剩余 23 个人都会申请法院对承诺函进行司法鉴定。

案件被定性为合同纠纷后，本案的焦点就在于富安娜提供给法院的承诺函是否有效，被告方是否要求对承诺函进行司法鉴定。

3. 案例启示

富安娜为激励员工授予员工股权，本是为提升员工福利、鼓励员工而进行的股权激励,结果却变成与激励授予员工对簿公堂,该事件值得 A 股上市公司及拟上市公司重视。

富安娜案件最终结果尚需法律判决,但无论结果如何,富安娜案件都将成为国内股权激励的一个标本,并引发资本市场对职业经理人职业道德的拷问,对 A 股市场上高管抛售股票套现离职起到警示作用。

当前有大量的上市公司、拟上市公司在实施股权激励计划,富安娜事件的典型性让我们可以去重新思考和审视如何制定合理的股权激励政策。

该案例也反映出富安娜股权激励方案设计方案存在缺陷,不应该让员工以自然人方式直接持股上市公司。富安娜上市前的股权结构如图 5.2 所示:

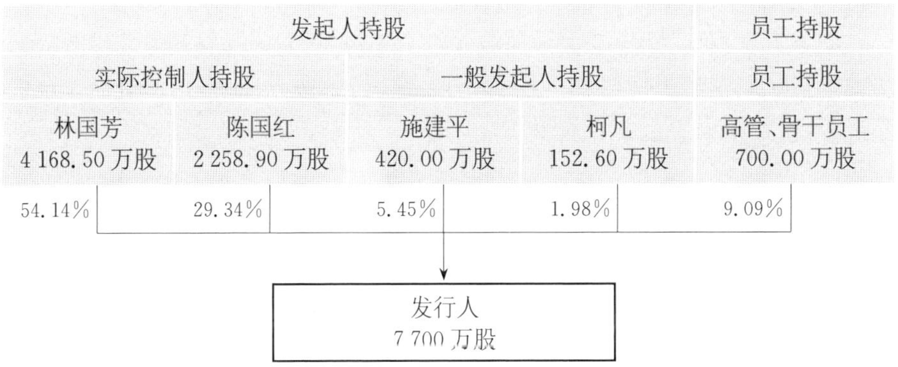

图 5.2

在如何管理众多员工持股时,目前已有成熟的模式。员工可以通过持股公司(合伙企业或有限责任公司)间接持股上市公司主体,实际控制人通过公司章程中或合伙协议作出特殊规定,更方便地限制和管理员工的股权变动、扩大或者减少员工持股安排的受益人群,而不影响拟上市主体本身的股本结构。

许多企业上市后,在授予时间不到一年时间高管纷纷辞职,难逃减持套现嫌疑,这与股权激励的出发点是背道而驰的。因此,企业通过设立持股平台的方式完成股权激励,以加强公司对于激励对象的控制,保证激励对象的稳定性。

在现有法规及政策范围下，IPO 企业更多倾向于成立有限合伙企业持股平台形式完成股权激励。在持股平台中，IPO 企业实际控制人或授权代表作为普通合伙人、激励对象作为有限合伙人，以实现企业、创业家与激励对象间的共赢。

4. 富安娜股权纠纷事件反思

众多投资者对富安娜股权激励事件的关注已经持续数月，笔者作为一名对此事件甚为关注的业界人士，也在陆续的报道中理出一些头绪。本为激励员工，却最终与 26 名离职员工对簿公堂，该股权激励事件给业界带来的思考意义远远超过事件本身。无论最终结果如何，富安娜案件都将成为国内股权激励的一个标志性事件，引发资本市场对职业经理人职业道德的思考。

回顾本次事件，富安娜上市前股改时有超过两千员工，其中的 109 位管理人员参与了员工持股计划，拿到了原始股。可没等到公司上市，其中的 26 位纷纷离职、跳槽。本着义务与权力相匹配、责任与收益相适应的原则，这些上市前便离开富安娜的员工理应无权享受上市后的胜利果实。根据签署的《承诺函》内容，富安娜有权要回那部分“战利品”。此案属于近年来 IPO 市场上典型的股权激励纠纷，对一些拟上市、新上市的公司具有很强的示范意义。

不能用网络激进式的表态冠之“富商联手法院，欺压良善”就简单定论此案，拟上市公司 IPO 前做的员工持股计划的实质就是让一部分员工以极低的价格买到公司的股份，这种股票有多大的好处，不言自明！以富安娜为例，这 109 位员工以 1.45 元/股的价格买到了 700 万股，在 2009 年 12 月 30 日上市时发行价为 40 多元/股。到了 2012 年 12 月 31 日解禁，复权后更达到 50 多元/股，五年半后价值暴增 35 倍左右，109 位员工平均每人资产至少增值 320 万元。

这类上市前夜公司把上市后确定的“大实惠”让渡给员工的行为，其目的在于让员工在以后的工作中加倍努力，早日实现上市目标，并分享上市成果。股权激励既然是一种激励，就一定是更好的付出换取更大的回报。如果没等到公司上市成功，有些拿了原始股的员工就跳槽走了，这些激励自然会落空。

2007 年,资本市场上 PE 一般都在十几倍左右,但从上市事实来看,富安娜没有引进任何一家 PE,有分享的部分全部留给了自己的员工。作为一家民营企业,富安娜的所作所为非常令人敬佩。同时,为规避风险,公司与这 109 位员工签订了《承诺函》,希望这些员工三年内不要离开公司。

此前,舆论认为依据《承诺函》整个事件应该被定义为劳动争议,应该走劳动争议的仲裁程序。尽管《劳动合同法》确有有关违约金方面的规定,但这些规定仅适用于约束用人单位与劳动者所签订的劳动合同。109 位富安娜员工正因为是公司员工才得以参加公司的员工持股计划,但当员工一旦拥有了公司的任何一点股份后,马上就具备了公司的股东身份。而本次诉讼所涉及的承诺函为富安娜公司与其股东之间签订的一般合约,只要双方当事人达成合意,合约即应正常具备法律效力。《承诺函》的第一句就很直接、很明确地确定当事人是以股东身份对公司作出的承诺。这是股东与公司之间的约定,相关的权利、义务都是一种民事责任,由此可以确定这是一份民事合同而非劳动合同。因此,以那份《承诺函》来说,就根本不可能作为引用劳动争议的有效依据,倒是完全可以作为引用法院裁判的有效依据!

关于 700 万原始股对应的资金问题。有言论称,这些为买原始股而付给公司的资金是"提供了公司发展的资金、解决富安娜资金之困、富安娜过河拆桥"。事实上,通过上网查阅富安娜历年的审计报告和经营数据,从《招股说明书》披露的财务数据来看,2006 年、2007 年、2008 年期末,富安娜的账上现金数额分别是四千多万、七千多万、七千多万,而到了 2009 年,仅 1—6 月都有六千多万!作为一家家纺企业,富安娜的资本是非常雄厚的,这样的谣言不攻自破。

至于有言论称法院对 26 位离职员工的资产进行冻结是"官商勾结、资本挟持司法",就更是子虚乌有!这种正常维护自身权益的法律手段怎么就成"官商勾结、资本挟持司法"了呢?!深圳市南山区人民法院的那个有关冻结的《通知书》不属于法定信息披露的范围,非当事人无法看到。既然法院发出了冻结通知并执行了,也正好从侧面说明法院认定富安娜的追索依据,印证了

《承诺函》是合法性、印证了富安娜追索上市前就离职的人员获得的原始股收益这种行为本身是正当合法的！

被追讨的8 000万违约金实质上是那26位在上市前跳槽员工所持有的原始股增值的部分。如果富安娜公司胜诉并全数追回款项，这8 000万元应该进入股份公司的账户，记作归属上市公司的非营业性收入，也就是说市场上的所有002327的持股者都能从中分到一杯羹。

当然，当年富安娜股改的时候还是存在一些问题的。作为企业的管理人员，企业的平稳发展是最重要的，尤其是A股上市公司，其运营平稳与否甚至比什么“做大做强”更为重要！因为在这个投资理性欠缺的散户市场里，投资者的价值判断和容忍空间非常有限，任何负面消息都有可能使投资者产生动摇。由此看来，富安娜的实际控制人对资本运作并没有过多的想法。这类公司业绩扎实，但也别指望业绩突然飙升，当然，也不会业绩突降，可以作为“防守力量”来进行投资。

三、股权激励怎变成股权纠纷

“竟然是我们败诉，这个结果无论如何都想不到！”2005年5月末，北京市海淀区人民法院，中关村在线(ZOL)与员工股权纠纷案判决一出，七名原告立即表示将上诉至北京市第一中级人民法院。

这次股权纠纷从2004年10月开始——美国网络公司CNET以1 500万美元收购中关村在线。中关村在线成立于1999年7月，主要从事科技消费产品的报价和在线交易。创业初期，由于与公司老板赵雷在经营思路和权利方面的冲突，一名副总率领一批核心员工跳到chinabyte。

2000年3月，ZOL与一些技术骨干分别签订了“劳动合同”。其中一份合同中有备受争议的“条款”：“乙方工作满12个月后，可以获得甲方分配的股权8万股：自乙方获得第一笔股权之日起，乙方每工作满一年，可以获得甲方分配的股权 8 万股。如果甲方在乙方获得第一笔股权期满之前上市,乙方可以提前获得第一笔甲方分配的股权。”

股权激励的效果显著,签订合同的员工都继续留在公司,ZOL 进入平稳发展期。2001 年 3 月,签合同的骨干员工陆续离开了 ZOL。想到曾签订的劳动合同有关于股权分配的约定,当事人吴小姐请 ZOL 出具了股权分配证明。从该股权分配证明看,ZOL 当时承认吴小姐在 ZOL 工作满一年并且无偿获得 8 万股股权,只是待公司股权分配体系建成后向其本人补发《股权分配合同》。

2004 年 10 月,得知 CNET 要收购 ZOL,几位当事人一直在和 ZOL 联系,要求兑现当初签订的合同承诺。但赵雷等一直在回避。无奈之下,同年 11 月,他们向北京市海淀区仲裁委员会提出劳动仲裁请求。

股权激励方案应当在一定范围内公开,只有公开才能达到真正的激励效果。作为重大的制度安排,应当透明。同时,股权激励的合同十分重要,合同的合法性和有效性牵涉到将来能不能执行。有明确法律条文的规定,才能真正执行。

(一)股权激励像奖金

从案子来看,虽然有了股权承诺,但 ZOL 给当事人的是一个很粗放的条款。

现在企业越来越重视员工的激励问题。管理当局非常重视人才,特别是骨干。但关键是怎么去激励?在案例中,只要干满一年,都可以拿到 8 万股股权,那么,这是一种激励还是福利?

管理高层做这些事情,到底出于什么目的?是不是企业发展过程中客观需要建立激励制度?背景是副总带人离开公司,所以股权激励的目的很大程度上是为了“救火”、应急。既然是应急措施,短时间内不可能考虑得很完备,因此出现后来的一系列问题。

其实,就算是应急,在股权激励上,也应当作一些安排,使它具有可操作性。在国外,股权激励很流行,效果还不错。国内很多企业都在学。但操作过程中为什么会出现这么多纠纷?可能是对别人的理论揣摩得不透。别人的实践到底怎样，也不是很清楚。并且，实行过程中，有没有结合自己的实际情况进行演变也稀里糊涂。股权激励有很多种方式，中关村在线的“激励”更像是一笔“奖金”。

在股权和法律的对接上，国内关于股权激励的法规并不是很多。管理上讲不清，法律上也没办法，就成了扯皮。承诺给股权，就一定要有协议和方案，法律上要有这样的指导精神，应当有硬性规定，承诺后要到工商局备案。

本案中的“8 万股”本身很值得怀疑：公司总共有多少万股？占公司总股份的多少比例？这个比例对应自己多少权益？权益是按净资产还是按市值计算？一年后怎么衡量增值性？另外，还要考虑进退问题，如何兑现？能不能转让？怎么转让？

员工要有法制意识，考虑这样的方案符不符合相关法律法规。一切不能通过纯粹的心理契约做口头承诺，一定要有合同或者协议。至少公司骨干员工应当利用法律保护自己的权益。不要基本问题没搞清楚，大家就忙得热火朝天了。

中关村在线应当注重危机公关。这个案子完全可以转化为好事。当事人刚提出问题时，并没有到仲裁部门，公司管理当局应当首先承认事实，然后与员工协商，把“奖金”给了之后，平息这个问题。然后，不仅可以在公司内部宣传，而且会成为很多高新技术创业型企业做股权激励的早期榜样。同时，也督促公司把股权激励方案做得更完备，更有操作性。

（二）报酬体系界定不清

从表面上看，本案是劳动合同纠纷，其实是一个企业与员工之间如何清晰界定劳动报酬及如何得到法律保障的问题。这是一个跨《劳动法》与《公司法》的案例，但更重要的是，《劳动法》如何定义和看待报酬以及如何对其提供清晰的法律保障。

如果我们能更早地了解全面报酬体系(Total Reward)，而且全社会(包括法律制定者)能清晰地定义和对待所谓报酬的含义及怎样得到清楚的法律解释和保障,可能就不会有这个问题了。

报酬是个全面的概念,全面报酬体系模型包括薪酬、福利和工作体验三个组成部分,薪酬满足员工在收入方面的最基本财务需求,是吸引员工的初始要素;福利是为满足员工保护方面的需求设计,如保险和养老,它是薪酬之外的另一个有力吸引条件,并且是留住员工的首要工具;工作体验满足员工内在的需求,诸如个人发展及成就感、企业文化和环境等,工作体验计划能够推进对人才的保留,并从根本上全面激发员工的工作热情和创造力。

薪酬、福利和工作体验三部分共同组成全面的企业报酬体系,通过全方位地满足员工外在和内在需求以吸引和留住员工,从而激发员工的价值创造潜能,推动企业发展目标和战略的实现。

从合同本身,我认为本案没有太大问题。从员工角度来讲,如何保护自己的利益?他们的错误在于对股权、分红权不是很清楚,遇到这种情况最好求助于专业人士,并且要有其他合同来补充说明。案件中,员工没有事先请求法律的保护,合同也没有经过公证。关键原因可能是创业时他们对于将来公司发展的势态并没有清醒认识,没有考虑将来能不能兑现。

如果签有关利益方面的合同,就必须清楚彼此间的关系,究竟是 ZOL 的股东还是可以买 ZOL 的股票,条件也要很清楚。合同的合法性和有效性牵涉到将来能不能执行。有明确法律条文的规定,才能真正执行。

股权激励本身有助于唤起股东的积极性,但依照本案例目前的结果来看,公司内部出问题了,员工肯定会对股权激励和今后公司的其他方案产生质疑。这很不利于公司的长远发展,负面影响很大。设定股权本身无可非议,现在管理者对方案做出调整才能赢得员工的心。

四、雪莱特股权激励纠纷

从此前的"高管告公司"到如今的"公司告高管",雪莱特与公司原副总经理 C 之间的一系列纠纷一直是外界关注的焦点。虽然相关案件经历了 C 撤诉及雪莱特败诉，但由于广东省高级人民法院目前尚未对“522 万股雪莱特股权归属”诉讼作出判决，这使得雪莱特“连环诉讼案”的最终走向也就此成疑。

（一）连环诉讼扑朔迷离

雪莱特昨日公告披露，公司日前收到《广东省佛山市南海区人民法院民事判决书》，法院就公司起诉股东 C“滥用股东权利赔偿纠纷”一案作出判决：驳回原告雪莱特的诉讼请求，本案受理费 2 905 元由原告承担。

上述判决意味着雪莱特对 C 的“滥诉指控”未能成立。“这仅是南海区法院的一审判决，公司目前还未决定是否就此继续上诉。”雪莱特有关人士对记者表示。

作为雪莱特“连环诉讼案”的一部分，雪莱特当初起诉 C 实际上源自另一起案件，即 C 此前对雪莱特的两次起诉。

因不满公司单方面解除劳动合同，雪莱特原董事、副总经理 C 先后于 2007 年 10 月、12 月将公司告上法庭。

C 表示，作为雪莱特董事及副总经理，公司在完全没有通知自己的情况下于 2007 年 8 月 27 日召开董事会会议，且在自己完全不知情的情况下，通过让其辞去董事及副总经理职务的决议，单方面解除与自己的劳动合同关系，侵害了其作为董事的合法权益，因而向法院提出诉讼，要求撤销雪莱特上述董事会决议。

对此，雪莱特则认为，董事会的召开程序符合相关规定，作出的董事会决议合法有效。2007 年 8 月 28 日，C 与公司签署了离职证明，正式解除了劳动关系。

就在法庭审理期间，C 突然于 2008 年 3 月 10 日就相关案件向法院主动申请撤诉，并被法院当日裁定准许。

孰知“一波未平、一波又起”，就在 C 撤诉半个月后，雪莱特遂以“滥用股东权利”为由起诉 C。

雪莱特认为,C为了达到个人目的,滥用《公司法》赋予的诉权,在毫无事实根据和法律依据的情况下,对原告提起诉讼,在案件经法院两次开庭并引起媒体广泛关注后,随意撤诉,该行为明显是滥诉行为,给原告造成了包括股价波动、社会负面评价、支付律师费用等在内的各种损失。雪莱特遂于2008年3月24日,以股东滥用股东权利为由向法院提起诉讼,要求法院判令C赔偿其经济损失10万元,并在指定媒体上向公司公开赔礼道歉,消除影响,承担全部诉讼费用。

(二)股权归属才是关键

尽管雪莱特与C的纠纷分别以“C撤诉”和“雪莱特败诉”了结,但有分析人士表示,无论是“高管告公司”还是“公司告高管”,其目的或许都是为尚未审结的“522万股雪莱特股权归属”一案获取支持,因为该案的主角正是雪莱特实际控制人B和C,而此事仍是源自C的离职。

据悉,为激励高管,B在2002年自愿将名下的38万股公司股份无偿赠送给时任公司副总经理的C,双方同时约定,C自2003年1月1日起至少要在公司服务满5年,若中途退出,则将收回这部分股权。这部分股权在雪莱特上市及送股后,目前已增至522万股。此外,B在2004年7月还以股权赠与的方式,将名下的占公司总股本0.7%的股权(折合现股票96万股)赠与C。C则承诺自2004年7月15日起五年内,不以任何理由从公司主动离职,否则,将按约定向B给予经济赔偿。

由于C辞职发生在两份赠与协议中约定的服务年限均未到的情况下,B遂于2007年9月提起诉讼,要求C返还之前由原告赠与的上市公司522万股股票并赔偿损失1 781万元(按当时股价计算,上述诉讼请求合计金额为1.08亿元)。值得注意的是,B在该案一审时曾表示,若案件胜诉,其将会把全部诉讼所得无偿赠与雪莱特,用于设立专项奖励基金,以奖励长期以来对公司有突出贡献的管理人员和业务骨干。

“由于该案涉诉金额较大,因此,B直接向广东省高级人民法院提起诉讼,而法院目前仍未对该案作出判决。”雪莱特相关人士称。

一个不易忽视的细节是，无论是C还是雪莱特，其所提的诉讼均在B起诉之后。对此，上述分析人士表示，作为原告，若C或雪莱特能在相关诉讼中获胜，判决结果势必会对“522万股雪莱特股权归属”一案造成影响。然而，随着“C撤诉”以及“雪莱特诉讼被驳回”，相关方似乎均未从中得到相应的支持，这也使得备受关注的“雪莱特相关激励股权归属”一案再度走向了未知。

第六章◉小微企业股权激励案例分析

某医疗器械公司股权激励方案

一、案例背景

某医疗器械公司创立于1998年,注册于某高新技术产业开发区,是一家高新技术企业。公司主要致力于医疗器械、医用高分子材料。目前,公司在部门设置上有生产部、质量管理部、技术部、各销售大区、财务部、行政部等部门,人员结构正在向研发及销售两头延展,形成哑铃式的人才发展格局。

近期,某竞争对手成功登录创业板,公司上市欲望越来越强烈,但目前公司的经营业绩与创业板要求的相关财务指标仍有一定差距。因此,公司希望通过股权激励来促进员工的工作积极性,同时吸引和留住优秀人才。

经邦咨询经过实地调研和团队分析,确定了本次项目重点如下:帮助其解决销售人员和职能部门人员如何根据各自的业绩贡献进行激励的问题;避免损害股东利益,改变现有的股权结构;不能影响公司的上市。

二、股权激励方案设计

多层持股平台进行激励,考虑上市转换机制。

（一）持股平台

为体现股权激励的业绩导向原则，最大限度地调动激励对象的工作积极性，经邦咨询设计了三层持股平台：现有公司为母体公司，部分销售人员（其所负责区域销售规模较小）成立销售子公司（或分公司），部分销售人员（其所负责区域销售规模较大）成立区域销售分公司。其中，公司职能部门核心人员在母公司层面持股；销售人员在销售子公司（或分公司）持股；对于营业收入在×万元（含）以上、净利润在×万元（含）以上的销售大区，该区域的销售人员在本区域持股。

（二）激励股的授予时间

(1) 股权激励拟分两期授予，授予时间为 2011 年窗口期和 2012 年窗口期。

(2) 若规划中的激励岗位在实施股权授予计划时激励对象尚未到岗或因其他原因未达到激励条件，则此部分股权作为预留股，其具体授予时间由董事会确定。

（三）激励股的分配原则

激励股的分配主要考虑激励对象的岗位重要性及个人的历史贡献，即根据岗位等级拟定岗位系数（以总经理岗位为参照，设为 1.0，其他岗位比照总经理设定岗位系数），根据工作年限拟定工作年限系数（此系数为 1＋5%×N，N为司龄，即每工作满一年上浮 5%）。

个人获授激励股数量＝当期持股平台拟授予激励股总量×个人岗位系数×个人工作年限系数/$\sum$（个人岗位系数×个人工作年限系数）。

（四）激励对象范围

(1) 母公司层面激励对象范围界定：总经理、副总经理；总监、部门经理。

同时满足下列条件的优秀员工：在公司工作满 3 年；在职期间的平均年度综合考核成绩为优秀或对公司有特殊贡献；掌握特殊技能，属于市场稀缺人才，培养周期较长、培训投入较多、招聘难度较大。

(2) 销售子公司(或分公司)层面激励对象范围界定如下：销售总监、未设独立持股平台的销售区域大区经理及销售骨干(销售骨干指上年度销售业绩在×万元以上(分片区制定标准)、回款率在×%以上的销售人员。)

(3) 区域销售分公司层面激励对象范围界定如下：大区经理、销售骨干。

(五) 股权激励方式

根据公司目前所处的发展阶段及财务状况，拟采用期股激励方式。要点如下：

(1) 根据公司激励股总体规划及激励对象的个人岗位重要性和历史贡献确定当期拟授予激励对象的期股数量。

(2) 激励对象必须出资认购获授的期股，但为了体现激励性，采用象征性出资方式，出资额仅为当期公司股价的 30%(付款期限为 12 个月)，逾期未认购的期股视为自动放弃。

(3) 期股自认购之日起开始享受分红。

(4) 期股设锁定期 3 年。锁定期满后，激励对象可在窗口期内申请将所持期股公司当期股价予以兑现(即向公司出售期股，出售后期股灭失)，但每年兑现的数量不得高于其所持该批次期股总量的三分之一。

(六) 激励股规划

1. 母公司层面

参照公司目前的经营状况及预期战略规划，拟增资扩股至×万股(待定；或根据盈利能力直接将公司总股本设定为×万股)，计划提取总股本的×%(计划 10%，预留 4%；不含董事会特授股份)用于母公司层面人员的激励。

2. 销售子公司(或分公司)层面

根据实施股权激励计划上年度分公司的盈利能力对分公司股本予以规划,每股盈利为 0.5—1.0 元;最小股本设为 100 万股,最大股本设为 500 万股。根据分公司股本规模、预期发展规划及激励人数提取激励股份额,激励股占比为 5%—25%。

3. 区域销售分公司层面

同销售子公司(或分公司)规划思路。

(七) 激励股股价的计算方法

1. 母公司股价的计算方法

(1) 初始(2011 年窗口期)股价根据 2010 年年末母公司每股净资产而定,为 N 元/股。

(2) 在激励期内,每年股价根据母公司净利润实现情况及分红比例予以确定。

2. 销售子公司(或分公司)股价的计算方法

(1) 以首次实施销售子公司(或分公司)股权激励计划的上年度为基期(2011 年窗口期开始实施分公司股权激励计划的基期为 2010 年,2012 年窗口期开始实施分公司股权激励计划的基期为 2011 年,以此类推),将分公司初始(首次授予激励股的窗口期)股价定为 1 元/股。

(2) 在激励期内,每年销售子公司(或分公司)的股价将根据销售子公司(或分公司)营业收入、净利润的综合增长情况予以确定。

注:公司董事会有权根据各分公司战略实施情况适度调整营业收入增长率和净利润增长率在股价增值机制中所占的权重。

3. 区域销售分公司股价的计算方法

同销售子公司(或分公司)股价计算方法。

(八) 激励股的考核办法

为实现股权激励收益与公司战略目标完成情况的高度一致,在激励期内,每年对公司和个人考核一次。

1. 公司层面

只有当公司达到当年预定的业绩目标时(各项指标的完成率均不低于×%),方能启动公司当年的期股分红计划及期股兑现计划,若公司层面考核不合格,则当年全部激励股均不得参与分红和兑现。

2. 个人层面

激励对象个人考核成绩需合格方具有参与当年分红的资格。若个人考核不合格,则其所持激励股作如下处理:

(1) 期股当年不得参与分红,其股份名下的当年公司利润由其他股东分享。

(2) 期股当年不得申请兑现。

(3) 若激励对象连续两年考核均不合格,则期股由公司按激励对象的原始购股价回购。

(九) 上市股改

在激励期内,若公司上市股改,则激励对象所持期股的处理办法如下:

(1) 激励对象所持的母公司期股由公司按当期母公司股价回购,激励对象所持的分公司期股由公司按当期分公司股价回购。

(2) 根据激励对象的岗位重要性和历史贡献确定个人获授的拟上市主体股权。

注:参照上市公司股权激励管理办法,拟上市主体用于股权激励的股数约占总股本的10%。

(3) 全体激励对象认购的实股统一纳入持股公司进行管理,激励对象通过持股公司间接持股拟上市主体。

注:持股公司可在公司上市股改前1—2年设立,也可在本次股权激励时设立。

某工业自动化产品综合服务商股权激励方案

一、案例背景

某公司是一家融产品代理贸易、产品维修、技术服务等多元化业务为一体的紧密高效的工业自动化产品综合服务商。公司创立时间不长,但发展速度较快。公司目前股东只有两兄弟,比较单一。员工收入在行业内处于中等水平,竞争力不强。近两年来,公司为了吸引和留住优秀人才,决定对经营管理层实施股权激励。

在经邦咨询的调研过程中,拟激励对象表示,个人目前出资能力较差,同时又希望得到实股激励。公司股东也表示愿意与激励对象共享公司经营成果,激励对象无需出资,但需要通过设计保证激励对象获授股份后能进一步提升工作业绩。鉴于此,经邦团队认为本次项目的重点在于如何保证激励对象获授股份后,不会“躺在股份上睡觉”,工作业绩反而下降。

二、股权激励方案设计

(一)激励对象

公司总经理、副总经理、总监、部门经理。

(二) 激励方式

采用“实股＋期权”的复合激励方式。

1. 实股激励

(1) 依激励对象的岗位重要性和历史贡献拟定个人获授实股数量。

(2) 为体现激励性,激励对象无需出资。

(3) 实股授予后,在一月之内办理股权的工商变更手续。

2. 期权激励

(1) 依激励对象的岗位重要性和历史贡献拟定个人获授期权数量。

(2) 期权设等待期1年,等待期满后,若激励对象达到公司规定的行权条件,则可按约定价格行权购股;若激励对象未达到规定的行权条件,则所获期权自动失效。

(3) 为体现激励性,激励对象无需缴纳行权资金。

(4) 期权行权后(期权转换成实股)开始享受分红。

(5) 本次期权行权计划全部结束时,集中办理实股的工商变更手续。

(三) 激励股的权利

1. 实股的权利

(1) 分红权。

(2) 增值权。

(3) 投票权和表决权。

2. 期权的权利

(1) 期权行权前享有增值权,但不享有分红权、投票权、表决权;若激励对象因未达到行权条件而导致期权失效,则激励对象也无法享受期权的增值权。

(2) 期权行权后(转换成实股),激励对象可享受实股的分红权、增值权、投票权、表决权。

(四) 授予计划

1. 实股

实股为一次性授予,授予时间为2011年窗口期。授予数量的确定主要考虑激励对象的岗位重要性及个人的历史贡献。

2. 期权

期权分三期授予,授予时间分别为2011年窗口期、2012年窗口期、2013年窗口期。授予数量的确定主要考虑激励对象的岗位重要性及个人的历史贡献。

(五) 公司股价的确定办法

(1) 实施股权激励前(截止到2010年12月31日)的资本公积和未分配利润归公司的老股东所有,公司的初始(2011年窗口期)股价设定为1元/股。

(2) 在激励期内,每年股价主要根据公司净利润实现情况及分红比例予以确定。

(六) 激励股的考核

1. 授予考核

(1) 公司上年度达到预定业绩目标值是启动本年度公司股权激励授予计划的前提条件。

(2) 激励对象个人上年度考核成绩需合格方具有获授本年度激励股的资格。

2. 分红/兑现考核

(1) 只有当公司达到当年预定的业绩目标时(各项指标的加权完成率不低于80%),方能启动公司当年的实股分红计划。

(2) 激励对象个人考核成绩需合格方具有参与当年分红的资格。若考核不合格,则激励对象所持实股当年不得参与分红;若连续两年考核均不合格,则实股由大股东按激励对象的原始购股价回购。

3. 期权的行权条件

激励对象完成预期业绩指标方可对所持期权进行行权,具体情况如下:

(1) 若业绩指标的实际完成值小于目标值的 80%,则当期期权全部灭失;

(2) 若业绩指标的实际完成值大于(含等于)目标值的 80%,但不足 100%,则当期期权可行权数量=当期待行权的期权数量×当期业绩指标实际完成值/当期业绩指标目标值;

(3) 若业绩指标的实际完成值大于目标值的 100%,则当期期权可全部行权。

(七) 激励股的限制

(1) 激励对象所持的各类激励股均不得私自转让。

(2) 激励股所获收益产生的个人所得税由个人承担。

某自主研发企业股权激励方案

一、案例背景

S公司是一家小型自主研发企业，近年来市场一片大好，公司转入高成长期。但令大股东担忧的是，团队的工作士气开始有下降的征兆，高层次人才流失率有不断上升的趋势。为扭转员工的工作心态，保留核心骨干员工，公司尝试推行股权激励计划。

谈到股权激励的构想，S公司表达了几点期望：第一，合理确定每位员工的股权授予数量，避免分配不公；第二，合理确定股价，确保激励对象能按个人实际付出分享公司的经营成果；第三，确定适合公司的激励方式，既操作简单，又有激励效果；第四，合理确定激励周期，既不使员工觉得遥不可及，又要规避一些员工的短期行为。

另外，S公司也表达了一些担忧，例如，在目前经济危机的时候实施股权激励，时机合适吗？授予股权后，员工不努力工作怎么办？员工中途离职，股权收益如何结算？员工对股权不感兴趣，怎么办？

尽职调查后，经邦咨询团队发现，S公司目前采用的是“拍脑袋”式的薪酬激励方式，没有科学的依据，激励机制缺乏公平性和竞争性，也没有长期留人的手段。这是导致士气低落、人才外流的主要原因。为从根源上解决这一问题，我们对S公司的治理结构、所处的发展阶段、战略规划、企业文化、薪酬结构、考核方式等方面进行了深入分析，并在此基础上拟定了系统的股权激励方案。

二、股权激励方案设计

在系统诊断的基础上进行分层激励、分步推进。

第一步，从人力资本附加值、历史贡献、难以取代程度三个方面确定激励对象的范围。

全员持股尽管在美国非常流行，但在中国并不适用，用在中国的非上市公司身上更不妥当。在一定程度上来说，无原则地扩大激励对象范围是产生股权纠纷的根源所在。所以，确认激励资格，应从人力资本附加值、历史贡献、难以取代程度三个方面予以考察。

从人力资本附加值来看，激励对象应该能够对公司未来的持续发展产生重大影响，毕竟，着眼于未来是股权激励的根本。从历史贡献来看，激励对象应该对公司过去的经营业绩增长或管理能力提升作出了突出贡献，尊重历史贡献是避免出现内部争议风波的基础。从难以取代程度来看，激励对象应该包括那些掌握核心商业机密和专有技术的特殊人力资本持有者，关注难以取代程度，是保护企业商业机密的现实需要。

根据以上原则，我们将 S 公司的激励对象分成三个层面：第一层面是核心层，为公司的战略决策者，人数约占员工总数的 1%—3%；第二层面是经营层，为担任部门经理以上职位的管理者，人数约占员工总数的 10%；第三层面是骨干层，为特殊人力资本持有者，人数约占员工总数的 15%。

第二步，进行人力资本价值评估，结合公司业绩和个人业绩的实现情况，综合确定激励力度。

激励人还是激励人所在的岗位？这是个争论不休的话题。经邦咨询以为，解答“对人还是对岗”这个难题，需要上升到企业的发展阶段及面临的管理主题这个层面来考察。

对处在成长期的企业来说，其业务模式尚不固定，兼岗、轮岗现象非常普遍，很难用一个固化的岗位说明书来界定员工的工作内容。在这种情况下，岗位价值不应该成为确定股权激励力度的依据。对处在成熟期的企业来说，其业务模式趋于固化，员工的能力发挥在很大程度上取决于其所在的岗位，“统一、规范、有序”成为企业的管理主题。此时，进行基于岗位价值的评估对确定股权激励力度来说非常重要。鉴于S公司尚处在成长期，我们以人力资本价值评估为依据来确定员工的初始激励力度。

值得一提的是，无论对人激励还是对岗激励，固化激励额度的做法都是不妥当的。为此，我们引入股权激励的考核机制，并且将考核分为公司绩效、部门绩效（或项目绩效）、个人绩效三个层面。对于层面比较高的员工，强化对公司绩效的考核；对于层面稍低的员工，强化对个人绩效的考核。

第三步，按激励层面确定激励方式。

激励效果不仅取决于激励总额，还取决于激励方式。确定激励方式，应综合考虑员工的人力资本附加值、敬业度、员工出资意愿等方面。结合S公司的实际情况，相应的激励方式如下：

对于附加值高且忠诚度高的员工，采用实股激励，以使员工体会到当家做主的感觉。参照上市公司股权激励的相关规定（用于股权激励的股本比例不得超过总股本的10%），结合S公司的股本结构及激励期内预期业务增长情况，我们建议用于实股激励的股本数量为500万股（约占公司总股本的5%）。个人授予量根据人力资本价值予以确定，即个人授予量＝500万股×个人人力资本价值/$\sum$个人人力资本价值。

对于不愿出资的员工，采用分红权激励和期权激励，以提升员工参与股权激励的积极性。分红权数量取决于激励对象的人力资本价值及激励期的每股分红额，即个人获授分红权数量＝个人人力资本价值/每股分红额。期权授予量取决于人力资本价值及激励期内的股价增长情况，即个人获授期权数量＝个人人力资本价值/每股价差收益。

第四步，按企业战略确定股价增长机制。

股权激励之所以能调动员工的积极性，一个重要原因就是激励对象能够通过自身的工作努力影响激励成果的大小和实现概率。选取恰当的激励标的物，可以实现企业与员工的双赢。确定激励标的物，应综合考虑以下四个因素：第一，激励标的物必须与公司的价值增长相一致；第二，激励标的物的价值评定应该是明确且令人信服的；第三，激励标的物的数值应该是员工可以通过自身努力而影响的；第四，公开激励标的物时应不至于泄露公司的财务机密，这一条对非上市公司而言非常重要。

对照上述标准，结合S公司所处的发展阶段及财务管理现状，我们选取了销售额这一增长类指标作为股价变动的标的物。考虑到销售额增长率与净利润或净资产的增长率并非一一对应，结合S公司的历史财务数据，我们将股价增长率确定为销售额增长率的60%(可由董事会根据当期实际经营情况予以适当调整)。例如，如果目标年度销售额相对于基期销售额的增长率为50%，则股价增长率为30%。

第五步，综合企业的战略规划期、员工的心理预期和工作性质确定激励周期。

若要产生长期激励效用，股权激励必须分阶段来推进，以确保员工的工作激情能够得以延续。划分激励时段，可参照企业的战略规划期、员工的心理预期和工作性质三个方面进行综合确定。

一方面，作为支撑企业战略实现的激励工具，股权激励的周期应与企业的战略规划期相匹配。另一方面，股权激励旨在通过解除员工的后顾之忧来赢取员工的忠诚，过长的激励周期会弱化激励效果，无法调动员工的参与欲望，但过短的激励周期也会使一部分员工萌生投机念头。最后，企业之所以采用股权激励，是因为某些岗位的工作成果无法在短期内呈现出来，所以，股权激励的周期设置还应考虑激励对象的工作性质。

根据S公司的实际情况，我们将股权激励的授予期设为3年，按3∶3∶4的比例，每年1次，分3次授予完毕，同期股权的解锁及期权的兑现也分3年期实施,这样,一项股权激励计划的全部完成就会延续 6 年。之所以设成循环机制,其原因在于在激励的同时施加必要的约束,如果员工中途任何时刻想离开企业,都会觉得有些遗憾,以此增加其离职成本,强化长期留人的效用。

第六步,签署授予协议,细化退出机制,避免法律纠纷。

为规避法律纠纷,在推行股权激励方案前,应事先明确退出机制。参照《劳动合同法》,结合研发型企业的工作特点,S 公司可从三个方面界定退出办法:

(1) 对于合同期满、法定退休等正常的离职情况,已实现的激励成果归激励对象所有,未实现部分则由企业收回。若激励对象离开企业后还会在一定程度上影响企业的经营业绩,则未实现部分也可予以保留,以激励其能继续关注公司的发展。

(2) 对于辞职、辞退等非正常退出情况,除了未实现部分自动作废之外,已实现部分的收益可适度打折处理。

(3) 对于只出勤不出力的情况,退出办法规定,若激励对象连续两次考核不合格,则激励资格自动取消,即默认此激励对象不是公司所需的人力资本,当然没有资格获取人力资本收益。

在确定股权激励方案后,与激励对象签署股权授予协议是一个不可或缺的环节。这是股权激励正式实施的标志,也是对双方权利和义务的明确界定。

某小型地产公司股权激励方案

一、案例背景

某小型房地产公司成立于1992年,2001年进行改制,注册资金为2 000万元人民币,具有二级房地产开发资质,已开发面积超过150万平方米,公司现有员工60人。产品定位于中高档住宅、商业地产,区域定位于河南省某地级市。公司近几年发展良好,年复合增长率超过30%。

公司是由国企改制而来。改制后,公司有41个股东,其中,董事长是控股股东,占总股本的51%,其余40为占总股本的49%。公司所有股东都是原公司员工,部分员工已离职。2010年,董事长收回部分离职员工的股权(15%),并拟分配给公司核心经营层,以增强核心骨干的归属感,促进公司快速健康发展。

公司的组织结构如下(见图6.1),其中,总工程师与工程总监享受副总待遇。

本次股改的背景为:公司刚刚经历人员大换血,原CEO带领几位高层集体离职,股改迫在眉睫。

本次股改的目的为:通过股改留住人才,吸引更多的人才;建立一支稳定、团结的核心团队;增加员工归属感;为管理职业化打下基础。

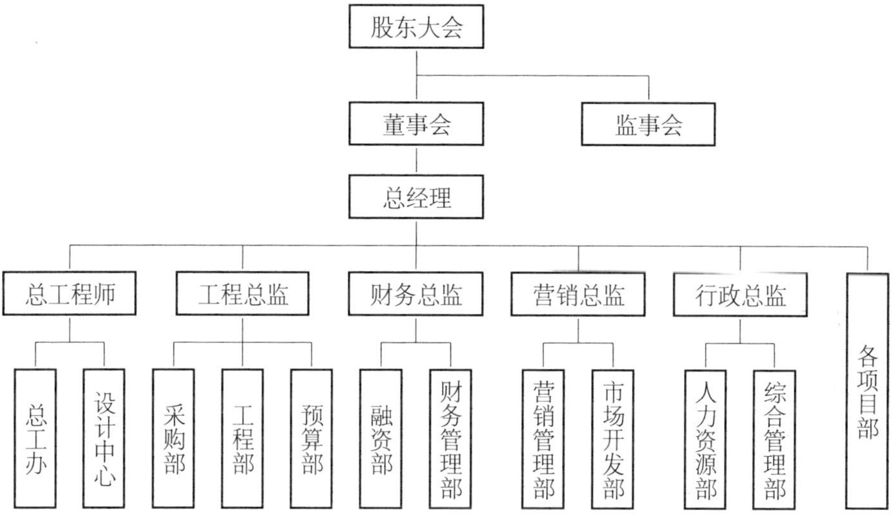

图 6.1 公司组织结构

二、股权激励方案设计

(一) 身股激励方案设计

1. 定量

净利润中的21%用于身股分红,如图6.2。

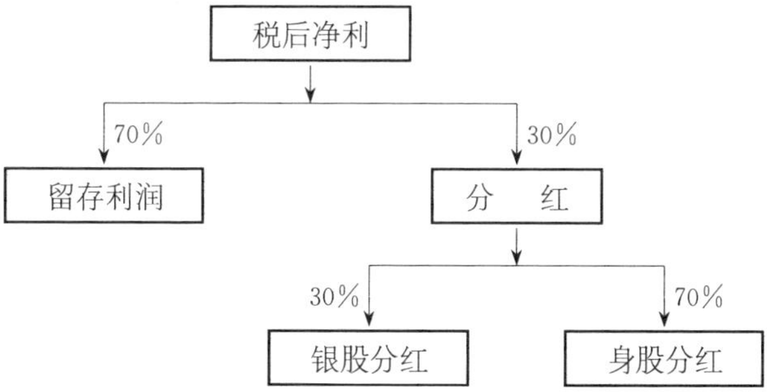

图 6.2 身股分红方式

2. 定人

如表 6.1 所示。

表 6.1 各岗位身股比例

各岗位身股比例	
职　　务	身股比例
董事长	5.0%
总经理	4.0%
副总(2 人合计)	3.0%
总监(3 人合计)	1.5%
经理(10 人合计)	4.0%
主管(5 人合计)	1.0%
预　留	2.5%
合　计	21.0%

3. 定时

该方案实施期为 2011 年 1 月 1 日—2013 年 12 月 31 日,2011 年 10 月 1 日公布。分红发放时间为春节前 10 天。如果身股持有人离开公司,则身股无条件收回;若身股持有人因公丧失劳动能力,身股保留,抚恤另计;若公司将身股持有人外派到分(子)公司,身股持有人仍享受当年分红。

4. 身股规定

身股享有分红权,无表决权,不享有公司剩余权益的分享权。身股保密。此分红为税前分红,各自承担完税义务。主管级以上员工司龄满一年的,可参与身股激励。因贪污、受贿、泄露公司秘密及严重失职造成损失,或受公司大过处分的员工,取消其身股。

5. 团队身股方案

表 6.2 团队身股方案(2011—2013 年) 单位:万元

职务	身股比例	2011 年(净利润 2 000 万)			2012 年(净利润 5 000 万)			2013 年(净利润 1 亿)		
		年薪	身股分红额	收入合计	年薪	身股分红额	收入合计	年薪	身股分红额	收入合计
董事长	5.0%	30	100	**130**	30	250	**280**	30	500	**530**
总经理	4.0%	25	80	**105**	25	200	**225**	25	400	**425**
副　总	1.5%	10	30	**40**	10	75	**85**	10	150	**160**
总　监	0.5%	7	10	**17**	7	25	**32**	7	50	**57**
经　理	0.4%	5	8	**13**	5	20	**25**	5	40	**45**
主　管	0.2%	4	4	**8**	4	10	**14**	4	20	**24**
预　留	2.5%		50			125			250	

其中,副总 2 人,总监 3 人,经理 10 人,主管 5 人。

(二)银股、期权激励方案

1. 定股

银股,期权激励模式。

2. 定量

董事长拿出 10.5%的银股作为期权,用于团队激励。

表 6.3 银股期权团队激励

职　　务	行权前股权比例	行权后股权比例
董事长	66.0%	55.5%
公司员工	31.5%	42.0%
公司外人员	2.5%	2.5%

3. 定人

表 6.4 银股期权激励方案——定人

银股期权激励方案——定人	
职　　位	银股比例
董事长	2.5%
总经理	2.0%
副总(2人合计)	1.50%
总监(3人合计)	0.75%
经理(10人合计)	2.00%
主管(5人合计)	0.50%
预　留	1.25%
合　计	10.5%

注：董事长职务未来将由其他人员担任，原董事长逐渐淡出经营，若新董事长到任满1年，将该期权转让给新董事长。

4. 定时

该银股期权方案于2011年10月1日实施，行权期为2014年4月1日—15日，过期视为放弃该权利。银股分红时间为每年春节前10天。

5. 定价

按2013年年底公司净资产价值的半价购买。

6. 相关规定

若在行权前离开公司，期权作废。若在行权前，激励对象公司内部岗位发生变化，则按变化后的职务享受期权数量。行权条件是2013年公司净利润超过1亿元。行权前保密，行权后进行工商变更登记。因贪污、受贿、泄露公司秘密及严重失职造成损失或受公司大过处分的员工，取消其期权。

某轮胎代理商股权激励方案

一、案例背景

轮胎代理商A公司成立于1994年,是一家专业的轮胎流通领域的代理商。2010年,全国市场销售额7.5亿,全国排名第三,其中,某地本土销售额5亿,本省排名第一,市场占有率30%。有零售客户2 000家,覆盖四省(区),卡客车加盟连锁店31家,轿车直营连锁店8家。A公司具有明显的市场优势,同时与品牌公司具有信任和双赢的合作基础,打造了一条专业的物流体系,自有车队36辆大卡车,有行业领先的ERP管理系统和专业的精英团队,销售和服务团队225人。

该公司的组织架构如图6.3:

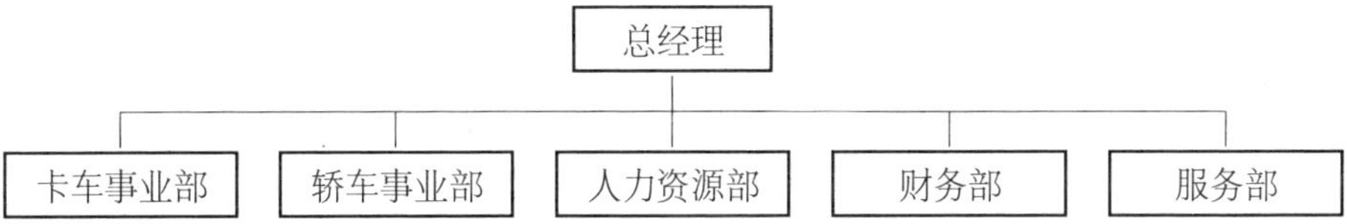

图6.3 公司组织架构

其中,卡车事业部下属8个代理品牌,轿车事业部下属4个代理品牌。

1. 本次股改的背景

(1) 董事长拥有100%股份。

(2) 股东没有一个亲人在企业里任职。

(3) 股东拥有集团化产业,股东本人现负责集团的其他产业,已于 3 年前将轮胎产业交给了现任总经理邓某全权负责。

2. 本次股改的目的

(1) 公司在 2009 年制定了轮胎产业的两个五年规划,为此须要有稳定、高效的团队方能保证目标的实现。股改宗旨在于凝聚核心管理团队和激励品牌销售团队。

(2) 董事长的角色转变为投资人,轮胎产业现任总经理邓某将转变为轮胎产业的企业家,全权、独立负责轮胎产业的经营和发展。

(3) 轮胎产业内部进行股权改革后,还将在两大事业部培养 12 个负责品牌运营的"小老板",将他们的利益和职业生涯与企业的未来进行紧密结合,为企业未来扩大发展储备高级管理团队。

公司第一个五年计划。

表 6.5 公司第一个五年计划(2009—2013 年)

年 份	2009 年	2010 年	2011 年	2012 年	2013 年
销量(亿元)	6.50	7.80	9.36	11.23	13.48
利润(万元)	1 400	1 600	1 900	2 300	2 900
零售客户数量(个)	1 800	2 000	2 200	2 500	2 700
覆盖省市(个)	3	4	5	6	7

公司第二个五年计划。

表 6.6 公司第二个五年计划(2014—2018 年)

年 份	2014 年	2015 年	2016 年	2017 年	2018 年
销量(亿元)	15	20	30	40	50
利润(万元)	3 300	4 000	5 500	7 000	8 500
零售客户数量(个)	3 000	3 500	4 000	4 500	5 000
覆盖省市(个)	8	9	11	13	15

二、股权激励方案设计

1. 定股与定人

具体如表 6.7 所示。

表 6.7 股权激励方案设计——定人

	核心管理团队 6 人		销售管理团队 12 人
定人	总经理 卡车事业部总监 轿车事业部总监	财务部总监 人力资源部总监 服务部总监	12 个品牌经理
	能臣＋功臣	能臣	能臣＋功臣
定股	银股＋身股	身股	身股

2. 定量

对核心管理团队股权激励的数量为：公司基本利润 1 600 万元以外的超额部分，50%留存公司发展，其余 50%用于总部银股和身股分红，其中，70%用于身股分红，30%用于银股分红。

总经理和两个事业部总监的银股和身股比例分配如表 6.8。

表 6.8 银股和身股比例分配

职　　务	银股比例	身股比例
总经理	10%	25%
轿车事业部总监	4%	18%
卡车事业部总监	4%	15%
预　留	12%	9%
合　计	30%	67%

对销售管理团队身股激励的数量为：品牌当年基本利润以外的超额部分，50%上交公司，50%用于身股分红。具体到个人为：品牌经理占70%，骨干员工占30%。

3. 定价

总部银股方案中的公司净资产为1 500万元，按每股1元计算，共1 500万股，拿出30%进行银股改革；1元1股。

4. 定时

员工须于3个月内付款完成，过时不候；银股分红在春节前10天核算并发放银股分红的60%，余下的40%在6月1日发放。

身股制度从2011年1月1日起执行，到2013年12月31日截止，第2个五年规划董事会可以修改变更，身股分红在春节10天前核算并发放身股分红的60%，余下的40%在6月1日发放。

5. 退出规定

自银股签订之日起，5年内发生离职、不称职、免职或违法、严重违反公司规定等情况，大股东无条件按原价收回该股权；在公司工作满5年后，银股持有人可以转让，但必须由大股东按3元/股收回该股权；在公司工作满10年后，银股持有人可以转让，但必须由大股东按5元/股收回该股权；银股主要按职务定量，自愿购买，可少不可多，认购权不可转让。

6. 股权激励方案管理规定

本方案实施时间为2011年1月1日—2013年12月31日，2013年年底前将根据实际情况，制定和完善2013年以后方案。身股和银股分红时，公司将按照国家法律规定代扣个人所得税。身股按照岗位设置，自岗位变动之日起，身股分红将按照新岗位变动。身股持有者无论任何原因未到分红期离开公司（如辞职、不称职被免职等），身股自动取消。股权激励属公司重大机密，任何人不得相互打听、泄露，泄露者视为严重违规，公司有权取消其身股并予以辞退。

某美容连锁机构股权激励方案

一、案例背景

某美容连锁有限公司是一家从事健身、美容的企业。目前,公司连锁管理十五家美容院、一个美容化妆职业培训学院和一家健身俱乐部。该公司定位于高端,产品和装修都是同地区屈指可数的。

该公司设总经理 1 名、副总经理 1 名,下设营运质检部、财务部、品牌运营部、人事行政部和工程维修部 5 大部门。其中,品牌运营部下设美容美甲部和养生美体部。各个部门都设有经理、副经理、销售主管、技术主管和策划主管等职。

目前,总经理、副总经理和品牌运营负责人事实上都由创始人一个人担任。两个品牌运营的副经理也是空的职位;两个品牌经理,美容美甲经理和美体养生经理是各店两块业务的总部支持部门,具有非常重要的意义。

该公司分店的层级设置比较复杂,层级序列为:总部品牌部门—区域经理—店经理—营运主管—店长—副店长—顾问—美容和美体组长—美容师和美体师。其中,公司品牌经理、原区域经理(已撤销)、店经理、营运主管和店长都不做业绩,其收入按所负责业务的总体比例提成。店经理、店长等的稳定性很好,多是老员工。顾问和美容师的稳定性较差。

经邦调研小组共实地调研了 7 家店,并对 13 位店经理及主要的店铺管理人员、总部的 6 位管理人员进行了深入的访谈,对公司的各类报表进行整理。

二、股权激励方案设计

1. 定股与定价

身股分红，员工不出钱。

2. 定量

公司2010年的销售额比2009年增长40%左右。2010年年底，公司开展微整形业务，新业务属于单笔数额较大、利润较高的业务，如果再配上股权激励方案的激励作用，公司的销售业绩在明年能够翻番。

根据模拟测算、店长目前的收入状况以及进行股权激励的目的，分红利润为超额利润的20%基本是合理的。每年的利润基数以2010年的利润基数为准，每年递增10%。

以该公司下面的某个分店为例，进行股权激励数量测算。该店2010年销售额为840万元，利润为226.8万元，利润率为27%。对该店来说，2011年利润基数为226.8万元，超过226.8万元的利润的20%可以给该店员工进行分红。具体推算如表6.9：

表6.9　该公司股权激励数量测算　　单位：万元

	2011年	2012年	2013年	2014年	2015年	2016年	2017年	2018年
销售收入	850	900	1 000	1 100	1 200	1 300	1 400	1 500
利润率	27%	27%	27%	27%	27%	27%	27%	27%
净利润	229.5	243	270	297	324	351	378	405
利润基数	226.8	226.8	226.8	226.8	226.8	226.8	226.8	226.8
超额利润	2.7	16.2	43.2	70.2	97.2	124.2	151.2	178.2
分红总额	0.54	3.24	8.64	14.04	19.44	24.84	30.24	35.64
店经理分红额50%	0.27	1.62	4.32	7.02	9.72	12.42	15.12	17.82
两个店长各为25%	0.135	0.81	2.16	3.51	4.86	6.21	7.56	8.91

3. 定人

本次股改主要的股权激励对象为店经理和店中店店长；两个店中店团队都可以分别作为利润计算的单元。店经理的分红为店面分红的50%，另外两个队长(店中店店长)根据业绩分另外的50%。股权激励的主要对象是店面负责人，对于美容师和顾问，应该采用薪酬激励的方式，使公司的提成制度更加合理。

4. 定时

本次股权激励的实施时间为2011年1月1日—2015年12月31日，四年后，公司将根据实际情况实行身股转银股的方案。

5. 相关规定

公司的利润基数每年保持10%的增长。激励对象应严格保密，若透露本人分红及转股信息，将取消其次年分红权；店经理有权向公司总经理建议调整人员分配比例，但发放由公司统一发放；进入公司未满1年的员工，不参加身股分红；若因岗位空缺，由公司收回身股；违反公司规定的，给公司造成较大损失的，取消身股分配资格。

分红周期以一年为计算单位，建议采用预分红的方式，每到6月30日，计算上半年产生的利润，实行一次预分红，增加员工对分红的信任度。年终计算最终分红，发放预分红之外的剩余部分红利。员工年中主动辞职或因违反公司制度被解雇的，不发放当年分红。若员工因不可抗力(意外、身患绝症等)不能继续履职的，按实际工作情况下发年度分红。岗位发生变化的，按其职位的实际任职日期下发分红。

某食品公司股权激励方案

一、案例背景

该公司为一家食品有限公司,成立于 1990 年。主要生产各种酱类调味品。公司拥有全球最大的酱料生产车间,是全国五大生产流水线之一,厂房占地面积 300 亩,厂房建设面积 20 万平方米,现年产值 5 亿元人民币,未来 3 年内实现产值 10 亿元人民币。其品牌腐乳多年来为公司龙头产品,曾多次获得国内外奖章,行业综合实力前 10 名。

该公司的盈利模式为：生产制造产品,后通过代理和直营两种渠道对外销售,销售网点覆盖全国。本公司股权结构简单,董事长个人拥有 75%的股份,另外 25%为香港客户所有,该客户不参与公司经营。该公司组织结构总经理、销售副总经理、人事经理、财务经理、运营经理等构成。

本次股改的目的是：① 稳定并激励公司中高层领导、技术骨干与营销团队。② 改变原来因激励不到位而消极怠工现象,引爆团队智慧。③ 在未来三年之内使公司产品的综合实力由原来处于全国前 10 名发展至前 5 名。

生产板块：

表 6.10　生产板块改制情况

改制情况	总　　部	车　　间
股改前	车间超额利润的 80%上缴总部	车间超额利润的 20%用于车间分红
股改后	车间超额利润的 50%上缴总部	车间超额利润的 50%用于车间分红

销售板块:

表 6.11　销售板块改制情况

改制情况	总　　部	销售办事处
股改前	办事处超额利润的 90%上缴总部	办事处超额利润的 10%用于办事处分红
股改后	办事处超额利润的 70%—90%上缴总部	办事处超额利润的 10%—30%用于分红

二、股权激励方案设计

(一) 生产板块采用身股分红的激励方式

1. 定量

生产车间进行节约成本分红,按节约部分的 50%分红,其中主任分成占分红总额的 60%、班长分成占分成总额的 25%、其他分成占分成总额的 15%,另加集团身股。

表 6.12　生产车间身股分红　　单位:万元

年份	节约成本(净利润)	分成	分成实利润	主任分成	主任实际分成利润	班长分成	班长实际分成利润
2012	45	20%	9	60%	5.4	25%	2.25
2013	30	25%	7.5	60%	4.5	25%	1.87
2014	27	27%	7.29	60%	4.3	25%	1.82

利润来源：主要依靠节约人工、水电、出品率等。

2. 定人

车间主任、班长。

3. 定时

从 2012 年 12 月 26 日到 2014 年 12 月 25 日。

4. 相关规定

不得出现食品安全事故；正主任（部长也一样）至少培养两个助手，班长至少培养一个助手；成本不得超过公司规定的标准；不得发生超过七级工伤；研发新品能形成年营业额达 100 万元以上的，奖励 0.5 万股、改进车间设备工艺为公司节约成本 50 万元以上的，奖励 1 万股；公司代扣代缴所得税。

（二）销售板块采用身股分红方案

1. 定量

销售分三个模块，以 2012 年办事处利润为基数，超额分红，其中，大型办事处超出部分 10%分红，中型办事处超出部分 20%分红，小型办事处超出部分 30%分红，另加集团身股。

2. 定人

办事处主管。

3. 定时

从 2012 年 12 月 26 日到 2014 年 12 月 25 日。

4. 相关规定

办事处主管未经总监批示离职，取消全年利润分红；销售额低于基数的取消全年分红；有贪污行为、泄露公司机密等重大行为违规者，取消分红权；如办事处年度利润出现亏损，办事处应该用利润填平后才开始分红；如泄露本人分红或打听别人分红，将立即取消所有分红；公司代扣代缴所得税。

(三) 公司总部股权激励方案设计

1. 定股

采用身股+银股的股权激励方案。

2. 定人

按照职务级别、工作年限、特别贡献等因素,确定为总经理、常务副总、人力总监、运营处长、财务总监、生产副总。

3. 定量

基数+年限比例股+特别贡献股。

4. 定时

期限为两年,从 2012 年 12 月 26 日到 2014 年 12 月 25 日。

5. 定价

身股价格为 0、银股定价 5 元/股(风投 10 元/股)。

6. 相关规定

① 生产出现质量问题被曝光,取消所有身股。

② 财务发生税务风险与银行风险,取消所有身股。

③ 人力资源在规定的时间内招聘不到位,扣身股 30%。

④ 发生火灾或中毒事件、车辆死亡事故扣运营处长身股为零。

⑤ 常务副总经理如达不成全年规定冲刺任务的 90%,按比例下降身股分红。

⑥ 总经理如完成不了冲刺指标与利润的 90%,按比例下降身股。

⑦ 有贪污行为、泄露公司机密等重大行为违规者,取消分红权。

⑧ 泄露本人分红或打听别人分红,将立即取消所有分红。

⑨ 在上市过程中,如无理取闹或聚众闹事造成不良影响,将取消所有身股与银股,取消的银股按原价加银行利息退回。

⑩ 公司未上市前离职的,公司按购买价加银行利息回收,上市后自动转为上市公司股票。

⑪ 公司代扣代缴个人所得税。

某科技企业股权激励方案

一、案例背景

某科技股份有限公司成立于 1998 年,是一家致力于物联网中国食品药品质量安全追溯信息管理领域的企业。公司 2010 年的销售额为 8 000 万元,净利润为 2 500 万元,公司有员工 240 人。该公司拥有自主知识产权软件产品和解决方案。

该公司股东为个人 A 持股 39%,B 持股 39%,团队 C(成员 20 人组成)持股 12%,投资公司 C 持股 5%,投资公司 D 持股 5%。其中,个人 B 为 A 妻子,只持股,由 A 代行使表决权。

公司原有银股激励计划,副总级银股已经于 2009 年 10 月落实,部门经理的第二轮于 2010 年 11 月落实,同期考虑在 2011 年 1 月实行身股计划。总公司 20 人第一轮高管银股持有 2009 年 10 月前已经完成;2010 年 11 月 10 日前,计划增发第二轮 10 人银股,主要以公司中层为主;每年补充考虑身股转银股的骨干,按两年完成业绩执行。

该公司现有的奖励分成模式为:高管、中层干部为月薪+绩效+奖金+五险一金;基层员工为月薪+绩效+五险一金。本次股改的目的为:吸引和留住人才;提升核心员工的主人翁意识;提升工作效率;实现团队密切合作。

二、股权激励方案设计

原有工资+绩效+奖金不变,在银股之外,设计身股激励计划。

(1) 定股。身股。

(2) 定人。中心部门经理以上管理层+核心骨干技术专家。连续工作满一年作为限制条件,特殊人才由董事会决议。

(3) 定量。分红总量基于分红测算公式计算。公司年净利润超出基准值的100%用于分红,其中,20%预留身股分红(如预留不够,原股东和员工共同稀释),40%用于股东分红,40%用作当前身股分红。身股分配比例为：40%归原投资人股东,其余60%归身股分享人。

(4) 定价。价格为零。

(5) 定时。本方案自2011年1月1日起,至2013年12月31日,如果公司在此期间上市,则按照上市公司相关规定操作。

表6.13 公司财务分配表(2011—2013年) 单位：元

年　度	净利润基准值B	预计年利润	分红总量	公司留存
2011年	2 400.00	3 000.00	600.00	2 400.00
2012年	3 000.00	3 750.00	750.00	3 000.00
2013年	3 750.00	4 687.00	937.4	3 750.00

总体上坚持"二八原则",业绩小于净利基准值的没有分红,基数的定义原则为实际完成的80%。

表 6.14 职位分股表(2011—2013 年) 单位:万元

	2011				2012				2013			
大区团队	身股	年薪	分红	总量	身股	年薪	分红	总量	身股	年薪	分红	总量
地区总经理	30%	20	25.8	45.8	30%	20	32.14	52.14	30%	20	40.18	60.18
咨询顾问	15%	15	12.9	27.9	15%	15	16.07	31.07	15%	15	20.09	35.09
技术经理	15%	12	12.9	24.9	15%	12	16.07	28.07	15%	12	20.09	32.09

(6) 相关规定。在公司工作并通过试用期的高级管理人员和担任重要技术岗位的核心员工,接受公司《高级员工管理规定》,和公司签署了互带补偿的《保密及非竞争协议》,方可参与身股分红。因任何原因离开公司或不能履行工作职责的,不参与分红;分红属于公司重大机密,任何人不得泄露,泄露者视为严重违规,公司有权开除。员工在一年中升职岗位发生变化的,按分段计算的原则分别计算对应的身股分红。按调整后的岗位授予期权。符合条件的员工,应在本人已知并同意的前提下,签署参与劳动分红的相关文件。文件应详细规定具体标准和时间以及相应的其他规定。公司将按国家规定代扣代缴分红的个人所得税。身股分红在每年春节前一周进行,财务审计后一次性发放。

某红木加工企业股权激励方案

一、案例背景

该有限公司成立于1997年,以研发生产和销售中高端红木家具为核心业务,以酒店、别墅等室内红木装饰设计和生产及来样定做为配套业务。公司目前占地面积已达6万平方米,厂房面积达7万平方米,公司现拥有员工600余人。2011年销售额突破1亿元,净利润1 650万元,公司在全国设有专卖店近130家,产品销往全国各地。

该公司以生产制造红木家具和发展加盟商为主要盈利模式。公司股权结构简单,夫妻二人100%占有公司全部股份,其中,丈夫占有60%,妻子持有40%。本次股改的目的为:让有能力的人实现“共创、共有、共富、共享”的目标;同时,由“为别人干”转为“为自己干”,使企业从家族企业逐步转为公众企业,实现企业的百年基业。

当前,公司中高层管理团队的收益主要为基本工资+奖金+五险一金,激励效果不是很明显。经邦团队经过实际调查,最后确定了股改的整体思路是:公司的中高层管理人员导入身股激励方案,以提高产能、提高利润、控制成本。

二、股权激励方案设计

1. 定股

均为身股。

2. 定价

员工不出钱即可享有此权利,价格为零。

3. 定人

中高层管理人员。

4. 定时

股改方案实施3年,时间为2012年1月1日到2014年12月31日。2015年根据实际情况另行修改。

5. 定量

公司2011年利润为1 650万元,以后每年递增40%为利润基数。超额部分的50%用于中高层分红。其中,生产中心主任团队有38%的分红,6人分配,由厂长提名,报董事长审批。

表6.15　未来3年营业额及净利润增长预测表　　单位:元

时　间	2010	2011	2012	2013	2014
营业额	6 000万	1亿	1.5亿	2.4亿	3.6亿
净利润	1 000万	1 650万	3 000万	4 800万	7 300万
利润率	17%	17%	20%	20%	20%
利润基数	—	—	2 310万	3 234万	4 528万
超额利润	—	650万	690万	1 566万	2 772万
可分配利润	—	—	345万	783万	1 386万

表 6.16　职位的分股表　　单位：万元

职务	身股比例	2011 年			2012 年(分配 345 万)			2013 年(分配 783 万)			2014 年(分配 1 386 万)		
		年薪	奖金	收入合计	年薪	分红	收入合计	年薪	分红	收入合计	年薪	分红	收入合计
财务经理	5%	10	1	11	10	17	27	10	39	49	10	69	79
行政人事经理	3%	10	1	11	10	10	20	10	23	33	10	42	52
品质部经理	13%	15	8	23	15	45	60	15	102	117	15	180	195
营销部经理	15%	15	0	15	15	52	67	15	117	132	15	208	223
研发部	6%	12	1	13	12	21	33	12	47	59	12	83	95
生产厂长	20%	18	10	28	18	69	87	18	157	175	18	277	295
生产中心主任团队(6 人)	38%	69	48	117	69	131	200	69	298	367	69	527	596
总　计		149	69	218	149	345	494	149	783	932	149	1 386	1 535

6. **相关规定**

(1) 本年度的分红在春节前发放 50%,7 月 15 日发放剩余的 50%。

(2) 参与身股分红的领导,在本年月度考核当中有一次排名最后一名,扣分红的 10%,超过 4 次的,取消年度分红。

(3) 以上分红权激励属于公司重大机密,任何人员不得对任何其他第三方泄露,否则,视为严重违反公司规定,公司有权无条件将违反者开除,取消其当年分红资格,并保留对责任人已经获得往年的分红权益进行追偿的权利。

(4) 享有分红权者如发生贪污、侵占公司财产、收受贿赂、泄露公司秘密以及工作严重失职等行为,其所获得的分红权当即失效。

(5) 享有分红权者如发生岗位变化,其身股分红激励取消,或由公司依据其新任岗位确定新的分红方案,相关人员依据新的分红方案规定享受相应权利,并承担相应义务。

(6) 享有分红权者不论任何原因离开公司,包括但不限于主动离职、被公司辞退等,本通知书中所述分红权激励即时失效,将不再享有相应的分红权,在失效前已经享有的不在此列。

某连锁零售型企业股权激励方案

一、案例背景

C公司专注于商品零售业，主营业务为大卖场、综合超市及百货连锁经营。

(1) 公司的主要优势。公司长期以来守法经营、规范运作，积累了丰富的连锁经营管理经验，公司品牌在消费者中有很高的知名度和美誉度。作为一家区域零售连锁龙头企业，凭借在当地多年来积累的经验，公司对当地消费者的需求及需求变化有着较深的了解和把握，能够为当地消费者提供更加符合其购物习惯的商品与服务。公司拥有自主开发的强大的管理信息系统，公司还拥有一支稳定、行业经验丰富的管理团队。

(2) 公司的主要困难。与大型零售连锁企业相比，公司经营规模仍然偏小，人才培养、储备与外资零售商仍有差距。

二、股权激励方案设计

(1) 激励模式和股票来源。公司采取目前普遍采用的股票期权激励模式，股票来源为公司向激励对象定向发行股票。

(2) 激励对象。包括董事、高级管理人员、公司及子公司核心管理人员、公司及子公司骨干人员共 678 人。激励对象不包括独立董事和监事,激励对象的职务级别为门店经理助理级(含)以上。

(3) 激励额度。方案拟授予激励对象 660 万份股票期权,每份股票期权拥有在激励计划有效期内的可行权日以行权价格和行权条件购买 1 股公司股票的权利;涉及的标的股票数量为 660 万股,占公司股本总额 10 688 万股的 6.175%。

(4) 行权安排。方案有效期为自股票期权授权日起 5 年零 6 个月。激励对象可在股票期权自授予日起 30 个月后,在本计划规定的可行权日按获授的股票期权总量的 30%、30%、40%分三期行权。

(5) 行权条件。方案要求,激励计划的行权日所在的会计年度中,对公司财务业绩指标进行考核,以达到公司财务业绩考核目标作为激励对象当年度的行权条件。财务业绩考核的指标包括复合主营业务收入增长率、复合净利润增长率。以 2008 年经审计的主营业务收入为固定基数,公司 2011 年度、2012 年度、2013 年度经审计主营业务收入较 2008 年度的年复合增长率达到或超过 31.6%;以 2008 年经审计的净利润为固定基数,公司 2011 年度、2012 年度、2013 年度经审计净利润较 2008 年度的年复合增长率达到或超过 28%。在行权条件方面,特别增加了《惩罚条款》: 2009—2013 年五个年度,不管是否为行权期,每一年度均将按与行权业绩指标相同的指标对激励对象中的高级管理人员及公司副总监或区域总经理以上级别(含)的核心管理人员进行考核。如指标未能实现,则从该年度年报公告后的连续 12 个月,激励对象中的下述人员的薪酬将按如下标准进行扣减: ① 总经理的薪酬减按 70%领取; ② 其他高级管理人员及公司副总监或区域总经理以上级别(含)的核心管理人员的薪酬减按 80%领取; ③ 上述人员在薪酬扣减期间不得参与任何形式的加薪,不得获取任何形式的额外补贴,且扣减的薪酬不在后续年度中予以补偿。

(6) 资金来源。激励对象行使股票期权的资金全部以自筹方式解决。公司承诺不为激励对象依本激励计划行使股票期权提供贷款以及其他任何形式的财务资助,包括为其贷款提供担保。

图书在版编目(CIP)数据

小微企业股权激励/薛中行著. —上海:复旦大学出版社,2016.5
ISBN 978-7-309-12162-9

Ⅰ. 小… Ⅱ. 薛… Ⅲ. 上市公司-管理人员-激励-研究-中国 Ⅳ. F279.246

中国版本图书馆 CIP 数据核字(2016)第 043540 号

小微企业股权激励
薛中行 著
责任编辑/宋朝阳 戚雅斯

复旦大学出版社有限公司出版发行
上海市国权路 579 号 邮编:200433
网址:fupnet@ fudanpress. com http://www. fudanpress. com
门市零售:86-21-65642857 团体订购:86-21-65118853
外埠邮购:86-21-65109143
浙江新华数码印务有限公司

开本 787×960 1/16 印张 15.25 字数 203 千
2016 年 5 月第 1 版第 1 次印刷
印数 1—10 100

ISBN 978-7-309-12162-9/F · 2255
定价: 108.00 元